그남자그여자 1

그남자그여자 1

♥

지금 이 순간
누군가를 사랑하고 있는
당신을 위한
따뜻한 사랑 이야기
90

♥

이미나 지음

걷는나무
walking tree

| 프롤로그 |

그 남자 그 여자는 라디오 원고로 썼던 글이에요. 어쩌면 하루가 지나면 사라지는 글이어야 했던 거겠지요. 그런데 어느 날 책으로 남길 기회가 생겼고, 많이 망설이다가 '두고두고 읽기엔 많이 부끄럽지만 그래도 좋은 추억이 될 것 같으니 용기를 내 봐야지' 그런 솜털 같은 마음으로 만든 책이었어요. 그런데 그 책이 벌써 열 살이 되었고, 이렇게 개정판을 내기까지 하다니, 분명 제게 일어난 일인데도 잘 믿기지가 않습니다. 그저 감사하다는 생각밖에는..

10년 동안 어떻게 지내셨어요? 저는 별로 달라진 것 없이 비슷하게 살고 있는데, 모두가 그렇지는 않겠지요? 이 책의 첫 에피소드에 등장하는 이름 '준희'는 제 조카에게서 빌려 온 것인데요, 그때 한글을 막 읽기 시작했던 다섯 살 꼬마는 이제 키가 180센티미터에 공부도 썩 잘하는 훈남 중학생이 되었답니다. 이모 책에 자기 이름이 있다며 막 신이 났던 때가 엊그제 같은데..

문득 이 책으로 알게 된 다른 분들의 안부도 궁금해지네요. 이 책을 학교 도서관에서 빌려서 읽었다고, 너무 마음에 드는 부분이 있어서 그 페이지를 찢어서 보관하고 있다며 당당하게 제게 편지를 보내 자랑하던 고3 여학생. 빨리 스무 살이 돼서 실컷 연애하고 싶다고 했었는데, 이제 곧 서른이 되겠네요. 연애는 실컷 했나요? 혹시 요즘도 은행 잡지책에서 몰래 쿠폰 찢고 그러는 거 아니죠? 입대 직후 이 책도 보내 주고 자주 면회도 오던 여자 친구가 갑자기 고무신을 거꾸로 신은 것 같다며, 눈물 젖은 상담 편지를 보내 저를 어찌할 바를 모르게 만들었던 이등병은 지금쯤 서른이 훌쩍 넘은 아저씨가 되어 있겠네요. 아직도 제 책을 볼 때마다 매정하게 떠난 여자 친구가 생각나는 건 아닌지..

또 궁금해집니다. 10년 후에 또 한 번 이 책의 개정판을 내는 기적 같은 일이 생길 수 있을까요? 예전 같았으면 말도 안 된다고 생각했겠지만, 워낙 신기하고 감사한 일을 많이 겪고 보니 이젠 절대 그럴 리가 없다고는 또 말할 수가 없네요. 그럼 혹시 모르니 이렇게 인사를 해야겠습니다. 10년 동안 잘 지내세요, 아프지 마시구요. 음, 또 뭐 할 말이 없나? 아, 그 이야기를 하고 싶어요.

혹시 아흔이 넘은 어르신들에게 설문 조사한 결과 들어 본 적 있으세요? 제일 후회되는 일이 뭐냐고 물어봤더니 가장 많은 대답이 '용기를 내지 못했던 거'래요. 한 번쯤 미친 척 직장을 때려치우지 못한 것, 먼 곳으로 훌쩍 떠나 보지 못한 것, 좋아하면서도 망설이느라 고백도 못한 것.. 그중 다른 건 몰라도 고백은 우리가 할 수 있는 일 아닐까요? 그 사람도 내가 좋다면 고마운 거고 싫다면 어쩔 수 없는 거고, 뭐 어렵지 않잖아요? 그러니 좋아하는 사람이 생기면 꼭 고백은 하면서 그렇게 살아 주세요. 이 책의 내용도 그런 거지만, 사람의 마음은 참 다른 듯 비슷한 것 같더라구요. 고백받는 것과 사랑받는 것은 웬만하면 참 두근두근하고 행복한 일이니까요. 그럼 다시 한 번, 10년 동안 잘 지내세요. 안녕.

2013년 겨울, 이미나 드림

| 추 천 의 글 |

'태어났을 때 다르게 태어났지만 살아가면서 어쩔 수 없이 서로 닮아가고 사랑하는 그 남자 그 여자의 이야기들입니다. 저도 그 속에 섞이고 싶습니다.' 네, 10년 전에 제가 이 책에 대해 이렇게 썼습니다. 시간이 많이 흘러도 고집 세게 안 바뀌는 것이 있네요. 저는 아직도 그 속에 섞이지 못했고요, 아직도 그 속에 간절히 섞이고 싶습니다. 이 웃음 나고 눈물 나고 부럽고 정겨운 이야기들 속에 말입니다.
_김제동

이 책이 10년이 됐다는 건 제가 진행하는 라디오, 제가 부르는 노래, 제 공연에 이미나 작가의 글이 함께 있은 지도 10년이 넘었다는 이야기네요. 미나 누나는 처음 라디오에서 만났을 때부터 지금까지 그 모습이나 행동이 신기하고 얄미울 만큼 변하지 않는 사람이에요. 글도 마찬가지죠. 늘 마음을 흔들고 움직이는 글이고, 소리 내어 읽어야 할 때면 울먹이지 않으려 애쓰며 읽는 글이고, 무엇보다 이제는 믿고 읽는 글입니다. 『그 남자 그 여자』는 제가 이미나 작가의 글을 좋아하게 된 시작인데요, 다시 읽어 봐도 참 좋네요. 혹시, 설마 아직도 읽어 보지 않은 분이 있다면 지금이라도….
_성시경

이런 급한 세상에서 10년이나 변함없이 사랑받는 것이 있다는 게 좋다. 그게 이런 소박하고 따뜻한 사랑 이야기라는 것이 더 좋다. 이 책에 대한 내 생각도 10년이 지난 지금까지 변하지 않았다. 훨씬 더 재미있게 누군가와의 만남을 원한다면 이 책에 나오는 그 남자와 그 여자를 관찰하시라. 난 정말 많이 배웠다.
_윤도현

우린 연애를 한다. 뜨겁고 열정적이기도 하고, 친구 같기도 하고, 가족 같기도 하고, 달콤새콤하면서 맵고 쓴 연애. 헤어짐에 곧 죽어 버릴 것처럼 눈물 흘리다가도, 시간이 흘러 어느 순간 또 다시 누군가에게 마음이 설렌다. 『그 남자 그 여자』는 친한 친구 같다. 연애를 시작할 때 혹은 연애가 끝이 났을 때 이 책을 읽으며 소소하게 위로받는다. "연애는 이렇게 하는 거야!"가 아니라 "그런 일이 있었구나, 나도 그랬어.."라고 토닥여 주는 것 같다. 이 책은 앞으로도 쭉 내 책장에 친한 친구로 곁에 둘 생각이다. 우린 누군가에게 모두 '그 남자 그 여자'.
_한효주

사랑 때문에 울고 웃었던 내가, 그리고 당신이 이 책 속에 담겨 있다. _soojin78

처음 가는 여행지에 반드시 챙겨 가야 할 지도처럼, 『그 남자 그 여자』는
사랑을 시작하는 사람들에게 반드시 필요한 사랑의 지도다. _hipm

너도 이 책을 봤으면 좋겠다. 그래서 내 생각 한 번쯤 떠올렸으면 좋겠다.
내가 잊은 줄 알았던 너를 발견했듯. _asd02

책을 읽는 내내 서툴고 부족했던 그 시절의 일기장을 보는 듯했다.
그때 나는 왜 그랬을까, 그때 너는 왜 그랬을까? 이해할 수 없었고 후회만
가득했던 그 시절을 따스하게 안아 주는 이야기들이 가득하다. _crystal0326

그 남자 그 여자의 이야기는 마치 내 얘기 같아서 읽고 나면
어느새 눈가에 눈물이 고인다. 사랑하는 그에게 꼭 보여 주고 싶다. _qkrrqkrr

아무리 시간이 흘러도 이 책은 변함없이 들여다보게 될 것 같다. 사랑하고,
다투고, 그리워하고, 다시 사랑하는 일은 늘 처음 하듯 낯선 법이니까. _madeline

사랑의 행복을, 헤어짐의 아픔을,
기다림의 쓸쓸함을 이해하게 해 준 책이다. _bluebird22

다시는 사랑 따위 하지 않으리라 마음먹었는데,
이 책을 읽고 나니 미치도록 사랑이 하고 싶다. _teshinn

사랑 때문에 잠 못 드는 밤이면 아무 페이지나 펼친다.
나를 위로하고 그를 이해하기 위해. _ssung5997

내 지난 시절 사랑을 뒤돌아보게 하고,
지금 사랑을 더욱 따뜻하게 만드는 소중한 책이다. _yangmjgo

책을 읽은 것이 아니라 사랑하는 사람의 마음을 읽은 것 같다. _stranger0410

Contents

::프롤로그·4
::추천의 글·6

Chapter 1
그 남자, 그 여자를 만나다

::준희야! 준희야!·14
::웃지 않은 사람은 우리 둘뿐·16
::드라마처럼·18
::꼭 연락바랍니다·20
::초등학교 동창회에서·22
::나는 자격있어요·24
::왜 나를 좋아하게 됐나요?·26
::더 친해지면 말해 주려구요·28
::다시 사랑 못할 것 같았는데·30

Chapter 2
헤어지다

::괜찮아, 말해·34
::너로 인해 빛나던 시절·36
::헤어지는 이유는 단 한 가지·38
::네 마음은 알지만 넌 아니야·40
::바보들이 기다리는 법·42
::누군가 기다림을 끝내면 누군가는 기다림을 시작한다·44
::헤어진 후에야 알 수 있는 것들·46
::마지막 메시지·48
::너도 나와 같다면·50

Chapter 3
다시 사랑하게 되다

::딱 네 글자, '잘 지내죠?'·54
::최고의 크리스마스 선물·56

:: 말하지 않아도 · 58
:: 우산 속 데이트 · 60
:: 보물찾기 놀이 · 62
:: 무~우지, 어~엄청, 저~엉말, 이이~따만큼 · 64
:: 나만 행복해서 미안 · 66
:: 콜라, 오렌지주스, 캔 커피 그리고 산성비 · 68
:: 버스 안에서 · 70

Chapter 4
사랑에 서툰 당신을 위한 열 가지 조언

:: 한 번 더 참기 · 74
:: 선물에 대한 고정 관념 버리기 · 76
:: 칭찬에 인색하지 말기 · 78
:: 뒷모습까지 챙겨 주기 · 80
:: 사랑하면 사랑한다고 말하기 · 82
:: 때로 과감히 떠나기 · 84
:: 착한 거짓말하기 · 86
:: 첫사랑을 묻는 유도 심문에 넘어가지 말기 · 88
:: 혼자서도 잘 놀기 · 90

Chapter 5
엇갈리는 이유

:: 제 3의 타입 · 94
:: 군대가 가르쳐 준 열 가지 · 96
:: 대답할 수 없는 말 · 98
:: 절대로 해서는 안 되는 말 · 100
:: 나에 대해 얼마나 알고 있는지 · 102
:: 마지막일 것 같은 · 104
:: 메일을 열어 보지 못한 이유 · 106
:: 잠깐 동안의 빈자리가 가르쳐 준 사실 · 108
:: 당신이 전화하세요 · 110

Chapter 6
사랑법

- :: 안 기다린 척하기 · 114
- :: 착한 악처 · 116
- :: 애인 생기면 뭐 해 보고 싶었어? · 118
- :: 김밥 다섯 개와 양푼비빔밥 · 120
- :: 표현하지 않으면 말하지 않으면 · 122
- :: 흔한 착각 · 124
- :: 자격지심 대신 진심 · 126
- :: 가난하지만 · 128
- :: 그리움과 사랑은 딱 한 걸음 차이 · 130

Chapter 7
서로 다른 언어로 사랑을 말하다

- :: 서로 다른 언어로 사랑을 말하다 · 134
- :: 말하지 말았어야 · 136
- :: 마음을 흘리고 다니지 마 · 138
- :: 아직도니? · 140
- :: 나만의 그대, 그대만의 나 · 142
- :: 대답은 잘해야 한다 · 144
- :: 웃음을 주고 싶어서 · 146
- :: 이별에 대한 다른 해석 · 148
- :: 사랑하며 냉정을 찾는다는 건 · 150

Chapter 8
그남자 그여자가 몰랐던 열 가지 진실

- :: 똑같다 · 154
- :: 거짓말인데 · 156
- :: 모닝콜 · 158
- :: 동상이몽 · 160
- :: 사랑하는 사람에 대한 배려 · 162

:: 몹시 위험한 세 마디 · 164
:: 이상형과 현실형 · 166
:: 콩깍지 · 168
:: 사랑의 힘 · 170

그리워하다

:: 미경이라는 이름 · 174
:: 보고 싶어도 사랑이 지나가면 · 176
:: 겨울 공터 · 178
:: 이별은 수술 · 180
:: 보면서 잊는다는 건 · 182
:: 커피를 마시다가 · 184
:: 습관 · 186
:: 러브 어페어 · 188
:: 이별한 지 열흘이 좀 지난 날 · 190

나처럼, 너도, 그렇게 지내고 있을까?

:: 시월의 마지막 밤 · 194
:: 난 너무 늦게, 많이 아파 · 196
:: 인사동 찻집의 낙서 · 198
:: 흐린 가을 하늘에 쓰는 편지 · 200
:: 네 이야기를 전해 듣던 날 · 202
:: 그리움 같은 눈이 내리고 있는데 · 204
:: 하루에 한 가지 바람돌이 소원 · 206
:: 내게 남아 있는 그 사람의 버릇 · 208
:: 하루에 삼 분도 행복하지 않습니다 · 210

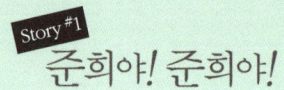

Story #1
준희야! 준희야!

꼬마야! 꼬마야! 일루 와 봐!
저기, 안녕? 안녀엉~

뭐 아저씨? 나 아저씨 아니야! 형아야 형아!
어, 나는 쩌어기 골목 끝에 슈퍼 있지? 그 옆집에 사는 사람이야.
근데 너 몇 살이야?

다섯 살? 그럼 너 이름은 뭐야? 준희? 야.. 너 참 잘생겼구나.
준희야, 이 과자 먹을래?

뭐? 엄마가 이런 거 먹지 말라 그랬어?
근데, 그, 그, 그건 나쁜 아저씨들 때문에 엄마가 그런 거구,
나는 그런 나쁜 사람 아니야. 니가 봐도 착하게 생겼지? 엉?

그러엄~ 먹어도 돼!
근데, 준희야, 형아가 아니, 아저씨가 뭐 하나만 물어볼게.
니네 약국에 있는 여자 있잖아.

아니 니네 엄마 말구~
저녁때 있는 예쁜 누나 있잖아. 머리 길구..
그래그래그래! 그 누나! 그 누나 이름이 뭐야?

아 그래? 야 고맙다, 짜식!

뭐어? 니네 이모야?
그렇구나~ 그랬구나~

준희야! 너 혹시 더 먹고 싶은 거 없어? 장난감 사 줄까?
장래의 이모부가 다 사 줄게. 음하하!

근데 니네 이모 뭐 좋아해?

준희야! 쭌쭌쭌! 일루 와 바. 일루 와 바. 와바바바~
아까 너 어떤 남자하고 얘기했지?
약국 앞에서 너랑 쪼그리고 앉아서 이야기하던 사람 있잖아.

그래 그 키 큰 아저씨!
근데 그 사람이 너한테 뭐 물어보디?

아.. 이모 이름? 그래서 뭐라 그랬어? 가르쳐 줬어? 이모 이름?
그리고? 그리고 또 뭐 물어봤어?

아이 왜 몰라~ 잘 좀 생각해 봐 좀!
이모 전화번호나 나이나 뭐 다른 건 안 물어보디?

음.. 그래?
근데 그 사람 이름은 뭐래? 그건 몰라?
그럼 무슨 얘기했어?

아저씨가 과자 사 줬어? 장난감도 사 준대?
이야~ 그랬구나, 우리 준희 좋겠네~

근데 준희야, 다음에 또 그 아저씨가 너한테 뭐 물어보잖니?
대답 잘해 줘야 한다~
특히 이모 남자 친구 있냐고 물어보면 없다고 대답하고

그리고 이모가 시켰다고 하지 말고
'아저씬 이름이 뭐예요?' 그렇게 꼭 물어봐. 알았지? 응?

Story #2
웃지 않은 사람은 우리 둘뿐

그녀와 나는 아직 이름도 서로 모르지만
거의 매일 같은 버스를 타고 다니는 사이.
그러니까 서로 얼굴만 잘 아는 사이라고 할 수 있죠.

보통 그녀는 이어폰을 귀에 꽂고
창밖을 내다보곤 하지만
오늘은 많이 피곤한지
자리에 앉자마자 곧바로 잠이 들어 버립니다.

졸고 있는 그녀의 고갯짓은
거의 예술입니다.
오른쪽으로 끄덕끄덕 왼쪽으로 끄덕끄덕
그러다 가끔 휘익 하고
목운동을 한 바퀴 하기도 하고.

그 남자

그녀의 뒷자리에 앉아 있는 나는
저러다 창문에 머리를 부딪히지 않을까
조마조마한 마음으로 지켜보고 있었죠.

그런데 이런..
차라리 창문에 머리 부딪혀서
잠을 깨는 편이 나을 뻔했나 봅니다.

버스가 급정거를 하는 순간
그녀는 제가 붙잡을 사이도 없이
저 앞으로 한 바퀴를 굴러가더라고요.

사람들은 다들 웃고 난리가 났죠.
무안해서 어쩔 줄 모르는 그녀
그 모습이 너무 안쓰러운 나
웃지 않는 사람은 우리 둘뿐입니다.

아, 마음 아파.
얼마나 창피할까요?

{ 그 여자

'아.. 머리 감기 진짜 귀찮다
그냥 모자 쓰고 나갈까?'
하지만 결국은 머리를 감았어요.
오늘도 버스에서
내 뒷자리에 앉을 그 사람을 생각하면!
그럼요, 아무리 귀찮아도
머리, 감아야죠.

비몽사몽 젖은 머리로 집을 나서면
어김없이 버스 정류장에 서 있는 그 사람

내가 이틀에 한 번 감던 머리를
이젠 아침마다 감는다는 걸 아는지 모르는지,
매일 음악도 안 나오는 이어폰을 꽂고
그 사람 콧노래 소리에
온 신경을 집중하고 있는 걸 아는지 모르는지,
그 사람은 오늘도 그냥 그렇게
말없이 내 뒷자리에 앉아만 있습니다.

그런데 술기운 때문인지
자꾸만 감겨지는 내 눈꺼풀
졸면 안 되는데.. 안.. 되.. 는..데..

하지만 결국
정말 안 될 일은 일어나고야 말았습니다.
끼익 소리와 함께 정신을 차렸는데
나는 왜 버스 바닥에 앉아 있을까요?

꿈처럼 들려오는 사람들의 웃음소리는
차라리 괜찮아요.
하지만 웃지도 않는 그 사람의 표정은
도대체 뭘 의미하는 거죠?
불쌍하다는 표정? 한심하다는 표정?
난 왜 이럴 때, 기절도 안 하나요?

드라마처럼
Story #3

드라마에선 그렇잖아.
연락을 받고
급히 차를 몰고 가는 남자가
주차를 못해서 쩔쩔매는 일은 절대 없고
갑자기 쓰러진 주인공이
병실이 없어서 병원 복도에서
기다려야 하는 상황도 없지.

꼭 알아야 할 서로의 소식은
갑자기 등장한 누군가가 꼭 알려 주고
그래서 주인공들은
몇 번쯤 어긋나더라도 결국은 만나게 되고
결국은 사랑을 하게 되고.

그 남자

오늘, 열 몇 편으로 마침내 행복해지는 미니시리즈를 보면서
처음으로
진짜 인생이란 건 참 아득하고 길다는 생각이 들었다.

그리고 이런 기도도 해 봤어.
만약 나한테 딱 한 번이라도
드라마처럼 살 수 있는 기회가 있다면

그렇다면, 우리 한 번만
아주 뻔한 드라마처럼
눈 오는 날 우연히 다시 만나자.

혹시라도 유리창 너머로
서로 안타깝게 스쳐 가는 일이 없도록
내가 잘 알아볼게.

그때, 네가 내 손을 뿌리치지 않는다면
날 다시 만나만 준다면
다시는 오해 같은 거 생기지 않도록
내가 정말 잘할게.

텔레비전에서 그 드라마를 다시 보여 주더라.
너는 유치하다고
저렇게 말도 안 되는 걸 왜 보느냐고 했고
난 그래도 재미만 있다고 우기던.

만약 우리 이야기를
드라마로 만들면 어떻게 될까?

작은 오해로 크게 싸우고
서로 손톱을 세워서 마음을 할퀴고
그러다 결국 헤어져 버린 이야기.

한순간 모든 오해가 풀리는
극적인 반전도 없고
눈물이 흐를 만큼 마음 아픈 이별도 없이
그냥 그렇게.. 헤어져 버렸다는 이야기.

아무도 보지 않겠지?
나라도 안 볼 거야. 재미없을 테니까.

만약
지금이라도 우리가
어느 거리에서 우연히 마주치고
내가 너한테
그땐 오해해서 미안했다고
왜 진작 말하지 않았느냐고
펑펑 울기라도 한다면..
그래서 우리가 다시
나란히 눈 내리는 길을 걷게 된다면..
그건 드라마가 될 수 있을까?

네 말대로 난 참 유치한가 보다.
아직도 이렇게,
억지스러운 해피엔딩이나 꿈꾸고 있으니까.

꼭 연락 바랍니다

도서관에서 책을 한 권 빌렸거든요.
그런데 집에 와서 펼쳐 봤더니
그 속에 쪽지가 한 장 들어 있습니다.

쪽지엔 휴대전화 번호와
글씨의 주인공인 듯한 어떤 여자의 이름,
그리고
'꼭 연락 바랍니다' 라는 말이 적혀 있습니다.

가슴이 쿵쾅 쿵쾅..

아니, 나한테도 이런 일이?
누구지? 누구지?

머리가 마구마구 회전하기 시작합니다.
아까 도서관에서
내가 책을 빌릴 때의 상황을 떠올려 보자면..

우선 내가 이 책을 찾고 있을 때
마침 누군가가 이걸 반납했고
그래서 도서관 아르바이트생이
이 책을 책꽂이에 꽂았고
나는 그 책을 뽑아 들고
대출하는 곳으로 가서 이 책을 내밀었고..

그렇다면 이 쪽지를 쓴 사람은 누굴까요?
혹시 나를 위해 일부러 이 책을 반납한 어느 여학생?
혹은 도서관 아르바이트생?
아니면 대출 코너에 앉아 있던 그 여자?
일단 전화를 해 봐야겠죠?
아.. 가슴이 무지 떨립니다.

누굴까?
누구지?

{ 그 여자

내가 아르바이트를 하고 있는
도서관 대출 코너.
얼마 전 이곳에서
책 대신 내 마음을 대출해 주고 싶은 남자를 발견했어요.

수수한 옷차림으로 보나
묵직한 가방으로 보나
분명 상습적으로 도서관에서 공부하는 사람.
이름은 뭘까? 전공은 뭘까? 몇 학년일까?
난 그 사람이 책을 빌리기만을 기다리며
내 전화번호를 적은 쪽지를
항상 주머니 속에 비치해 놓고 있었죠.

그런데 드디어 오늘!
그 사람이 책을 빌리더라고요.
쏜살같이 학생증을 훑어봤죠.
아, 이름도 멋있다, 경영학부였구나.

그다음 바코드를 찍는 동시에
번개와 같은 손길로 준비한 쪽지를 책 속에 끼워 넣었습니다.
그런데..

이게 무슨 일이었을까요?
그 책을 그 사람이 아니라
소도둑같이 생긴 남자가 집어 가는 거예요.

너무 서둘다 보니
내가 엉뚱한 책에 메모를 끼운 거죠.
어쩐지 일이 너무 잘 풀린다 했더니..
근데 그 남자가 진짜 전화하면 나 어떡하죠?
힝, 생각만 해도 무서운데..

어떡하긴 뭐 어떡해요.
난 모르는 일이라고 시치미 떼는 수밖에.

초등학교 동창회에서
Story #5

초등학교 동창회에 갔었어요.
재작년부터 다시 모이기 시작해서
이젠 아주 친하게들 지내고 있죠.

오늘 나갔더니
뉴페이스가 한 명 등장했더라고요.
그런데 그게 바로 그녀인 겁니다.
내 아홉 살 적 첫사랑!

아주 예뻤거든요.
우리 반에서 피아노도 제일 잘 쳤고
매일 머리 방울도 바꿔서 달고 왔고
공부도 잘했고..
나요? 난 뭐 그냥 코찔찔이었죠 뭐.

> 그 남자

사실 다 커서도 가끔 궁금했었어요.
엄청 예뻐졌겠지? 엄청 잘 살고 있겠지?

그런데 오늘 막상 보니까
생각과는 너무 다른 모습이라서 좀 놀랐어요.
키는 거의 안 자란 데다가
얼굴도 예전처럼 예쁘지는 않더라고요.

글쎄.. 근데 그게 말이죠.
집으로 돌아오는데
왜 그렇게 이상한 희망 같은 게 생기는 건지 모르겠어요.
오르지 못할 나무였는데
이젠 내 키에 딱 맞는 나무처럼 느껴진달까?
이런 말을 그녀가 들으면 기분이 나쁘겠죠?

하지만 나는 그러네요.
어쩐지 좋은 예감 같은 거.
다시 만난 첫사랑,
두 번째 첫사랑이 내게도 찾아올 것 같은 예감.

{그 여자

사실 동창회에 참석하기까지 좀 망설였어요.
어릴 적 날 기억하는 사람들에게
지금의 날 보인다는 게 어색하고 자신이 없었거든요.

아이참, 어릴 적 나는
왜 그렇게 잘난 척하고 살았는지..
그렇게 오늘 많이 긴장한 채로 나갔는데요.

우아, 정말이지 깜짝 놀랐어요.
어쩜 그렇게 다들 멋있어졌는지,
그중에서도
날 아주 자세하게 기억하고 있는 한 친구의 눈빛은
한순간 내 심장을 쿵쾅거리게 했죠.

날 많이 좋아했대요.
난 이름도 기억 못했는데..

모임이 끝나고 집으로 돌아오는 길엔
왠지 뿌듯한 느낌이었어요.
오랜만에 만난 추억들도 따뜻했고
그리고 뭐 다 지난 일이긴 하지만
저렇게 근사한 남자가 날 좋아했다니까..

사실 좀 아쉽기도 하네요.
무지 괜찮던데..
그땐 왜 내가 몰라봤을까..

Story #6
나는 자격 있어요

선배는 지금 선배가 하고 있는 게
사랑이라고 생각하세요?
그 여자가 선배를 사랑한다고 생각해요?
나는 그렇게 생각 안 해요.
아무도 그렇게 생각 안 해요.

그 여자, 한 번이라도
선배가 뭐 먹고 싶은지 물어본 적 있어요?
이번 주 내내 선배가 그렇게 기침하는데
감기약 한 번 사 준 적 없죠?

애인이라고 이름만 빌려 주고
마음 한쪽만 대충 걸쳐 놓고
멀어진다 싶으면 잘해 주고
내 옆에 왔다 싶으면 무시하고
지루해지면 다른 사람한테 마음 줬다가
그것도 지겨워지면 또다시 돌아오고

사랑한다면 절대로 그럴 순 없어요.
그거 사랑 아니에요.

내가 이렇게 말하니까
선배는 내가 갑자기 미쳤다고 생각할지도 모르겠지만
나는..
나는 이런 말 할 자격 있어요.
나는 선배 좋아하거든요.
오래됐어요.
선배가 기침하면 약 사 주고 싶고
선배가 좋아하는 음식 만들어 주고 싶어요.

나는 선배가 당장
그 여자하고 헤어져야 한다고 생각해요.
꼭 내가 아니라도 상관없지만
그 여자는 아니라고 생각해요.

머슴이라고, 하인이라고
친구들에게 놀림도 많이 받았지만
그런 말조차 내겐 듣기 좋았습니다.

나는 정말 잘하고 싶었어요.
그녀가 먹고 싶은 걸 먹는 게 기뻤고
가벼운 가방 하나도
그녀를 위해 들어 주면 행복했죠.

지난여름
그녀가 다른 사람을 만난 걸 알았을 때도
난 누구나 실수는 할 수 있는 거고
그리고 무엇보다 다시 돌아왔으니
그걸로 됐다고 생각했어요.
하지만 사람이 사람을 만나는 데 있어서
그건 그렇게 옳은 방식은 아니었나 봅니다.

오늘, 오랫동안 나를 좋아해 왔다는
한 후배의 울음 섞인 고백을 듣는 순간
내 마음은 온통 흔들려 버렸으니까요.

그 후배를 좋아하게 된 건 아닙니다.
하지만 적어도 그 고백 덕분에
내가 많이 지쳐 있다는 걸 깨달았죠.

쉬고 싶다는 생각이 들었고
사랑을 받고 싶다는 욕심이 생겼어요.
헤어지자고 말할 생각입니다.

쓸데없는 이야기지만
그녀를 원망하지는 않습니다.
같이 지내는 동안 좋았으니까요.
그리고 그녀가 나를 덜 사랑한 건
그녀의 잘못이 아니니까요.

왜 나를 좋아하게 됐나요?

Story #7

당신이 나를 보지 못할 것 같았어요.

당신은 너무나도 빛나고 있어서
당신은 늘 바빠 보여서
당신 옆에는 용감한 여자가 많아 보여서

나를 돌아보지 않을 줄 알았어요.

고등학교 때, 나를 아껴 주시던 선생님이
그런 이야길 해 주신 적이 있죠.
너는 그늘 같은 사람이라고.

나쁜 뜻은 아니었어요.
그늘은 더위에 지친 사람들이 찾아드는 곳이니까.

하지만 난 그 말이 슬펐죠.
그늘이 좋은 건 그때뿐이잖아요.
너무 뜨거운 계절이 아니면
나를 찾는 이는 없을 테니까.

못난 소리인 건 알지만, 혹시..
혹시 당신이 사는 곳이 너무 뜨거워서
너무 눈부셔서
그래서 나를 찾았나요?
그늘 같은 나를.

.. 그런 건가요?

왜 나를 좋아하게 됐나요?

{ 그 남 자 }

당신을 가까이에서 보게 됐거든요.

우연한 기회였어요.
점심을 먹고 사무실로 돌아와 커피를 마시고 있을 때.
그때 당신은 연필을 깎고 있었어요.
오랜만에 보는 풍경이었죠.
도로록 소리가 나는 칼을 들고 연필을 깎는 모습.
당신은 연필을 다 깎더니
부스러기가 담긴 종이를 곱게 반으로 접어 휴지통에 버렸죠.
그리곤 자리에 돌아가서 연필로 뭔가를 쓰기 시작했어요.

나는..
나도 모르게 당신 옆으로 점점 다가갔어요.
아마도 연필이 사각거리는 소리를 듣고 싶었던 것도 같아요.
하지만 들을 수는 없었죠.
내가 다가가는 걸 눈치챈 당신이 수첩을 덮고 밖으로 나가 버렸거든요.

왜 그랬는지 모르겠지만, 나는 당신의 수첩을 펼쳐 봤어요.
그리고 그 수첩에서 내 이름을 보았죠.
다른 단어들 사이사이 백번도 넘게 쓰인 내 이름.
나는 서둘러 수첩을 덮고 복도로 뛰쳐나갔어요.
당신은 긴장했었는지 땀에 젖은 손을
옷에 쓱쓱 비비며 복도에 혼자 서 있었죠.

그때부터였어요.
소리 없이 나를 지켜봐 주던 사람
연필로 내 이름을 쓰던 사람
그러면서 나를 피해 달아나던 사람
당신은 그런 사람이잖아요.
당신을 생각하면 가슴이 따뜻해지곤 했어요.
햇살이었죠.

나는 그렇게..
당신을 좋아하게 됐어요.

Story #8
더 친해지면 말해 주려구요

어릴 때 내가 거짓말하면
우리 엄마도 이런 기분이었을까요?

왜 있잖아요, 나한텐 뻔히 다 보이는데
자긴 그런 줄도 모르고 끝까지 애쓰는 거요.

그녀가 딱 그래요.
엄마한테 거짓말하는 유치원생 같죠.

오늘도 진짜, 내가 웃음을 참느라고 얼마나 힘들었는지..

저녁때 같이 고깃집엘 갔거든요.
"많이 먹어요." 그랬더니
자긴 뭐 점심을 늦게 먹어서 배가 안 고프다나..

그런데 그 대답과 동시에
그녀의 배에서 들리는 우렁찬 소리, 꾸루룩!
순간 빨개지는 얼굴!
그러나 곧 아무 일도 없었다는 듯
물 한 모금을 조신하게 마시는 모습!

아, 그 어설픈 내숭과 어설픈 태연함이란!

아는 척하면 무안해할까 봐
그냥 모른 척했어요.
대신 주먹만 한 상추쌈을 몇 개 싸서
싫다는 그녀 입에 억지로 쑤셔 넣어 줬죠.
아이고, 잘만 먹더만요!

이다음에
좀 더 친해지면 꼭 말해 주고 싶어요.

"그렇게 내숭 안 떨어도 무지 예쁘니까,
그냥 하던 대로 하세요. 그게 더 좋아요, 예?"

좀 모른 척 넘어가 주지
꼭 그렇게 상추쌈까지 싸 주면서
알았다는 티를 내야겠냐구요!

아니 그렇잖아요,
사람이 어떻게 곧이곧대로만 말하고 살아요?
한두 번 사양도 하고
한두 번 억지로 권하기도 하고 그러는 거지!

근데 그 사람은
도대체 두 번째가 없다니깐요.
"추우면 옷 벗어 줄까요?" 그러기에
괜찮다고 했더니
벗었던 옷을 냉큼 다시 입은 적도 있었구요.

아까 저녁 먹으러 갔을 때도 마찬가지예요.
"배고파요?"
"아뇨, 전 별로.."
"아 그래요? 난 배고픈데?"

그러더니 미리 나온 반찬을
혼자서 아주 쓸어 담듯이 먹더라구요.
얼마나 맛있게 먹는지
그걸 보니까 꼬르륵 소리가 저절로 난 거죠.

아 몰라요,
이젠 나도 사양하고 예쁜 척하고 그런 거 없어요.
예쁜 척도 손발이 맞아야 하는 거지.
내일부터 나한테
배고프냐고 묻기만 해 봐요.

"예, 뭐든 없어서 못 먹고 있네요.
돌이라도 씹어 먹을까 생각 중입니다!"
그렇게 대답해 버릴 거니까!

다시 사랑 못할 것 같았는데
Story #9

지난 주말이었어요.
가입만 해 놨던 동호회가 있었는데,
정기 모임이 있다기에 한번 나가 봤죠.
사실 여자 친구와 헤어진 뒤론
주말에 할 일이 없더라구요.

거기서 그녀를 만났어요.
꼭 나처럼
적응을 못하고 어색하게 웃는 모습에
내가 먼저 말을 걸었던 것 같아요.

"많이 시끄럽죠?"
"처음 나오셨어요?"
뭐 그런 이야기들.

얘길 하다 보니까
그녀도 얼마 전에 이별을 했더라구요.
우습지만, 좀 반가웠다고나 할까.

어쨌든 우린 그날 참 오래 이야기했어요.
나중엔 무슨 고해성사를 하는 것처럼
정말 별별 이야길 다 했죠.

다시 만나자고 연락처를 주고받았는데
막상 전화를 하려니 생각이 많아지네요.

다신 사랑을 못할 것 같았는데
내가 벌써 다른 사람에게
관심을 가지려고 하고 있구나..

내 지난 사랑을 그렇게 다 이야기해 놓고
이렇게 전화하면 날 어떻게 생각할까?
내가 너무 쉽게 사랑한다고 생각하진 않을까?

남자 친구와 헤어지고 나서 내가 그랬죠.
다시는 사랑할 수 없을 것 같다고.
친구들은 그렇지 않을 거라고
곧 다른 누군가가 나타날 거라고 말했지만
난 그 말을 믿지 않았어요.

그런데 사람의 감정은
참 빈틈이 많은가 봅니다.

딱 한 번 본 사람인데
난 어쩌면 그 사람이
친구들이 말하던 그 '누구'일지도 모른다고 생각했으니까요.

그래서 기다렸어요.
그 사람도 나도
지금이 사랑하기 힘든 시기란 걸 알면서도
많이 기다렸죠.

꼭 전화를 할 것 같았는데..
꼭 전화가 올 것 같았는데..

그런데 주말이 지나고
월요일이 다 가도록 소식이 없네요.

내가 싫은 게 아니었다면
그날의 내 느낌이 틀리지 않았다면
그 사람도 망설이고 있는지 모릅니다.

나처럼
너무 급히 찾아온 이 감정에 당황스러워서.

네가 미안하다는 말은 좀 웃긴다.
왜냐하면..
그동안 나는 좋았거든
살면서, 제일 좋았던 것 같아.
아마 늙어서도 그렇게 말할 수 있을 거야.
스물일곱, 스물여덟
그때의 내 삶은
네 덕분에 초라하지도, 가난하지도 않았다고.

Chapter 2
헤어지다

괜찮아, 말해
Story #10

괜찮아, 말해.
무슨 말 할 건지 짐작하고 있으니까.
그래, 심각한 이야기라는 것도 알아.

네가 어려우면 내가.. 말할까?

너는 갑자기 불러내서 미안하다고 하지만
아마 갑자기는 아닐 거야.
나는 오래전부터 느꼈거든.

어떻게 알았냐고?

> 그 남자

너는 원래 그런 사람이잖아.
하고 싶은 말이 있으면 다 해 버려야 직성이 풀리는.
내 기분을 생각해서 거짓말을 하는 일도 없고
싫다는 말 대신 좋지 않다는 표현을 쓰는 법도 없었어.

그런데 그런 네가
언젠가부터 나한테 조심스러워졌어.
자주 미안해하고
싫다거나 짜증이 난다는 말도 쓰질 않았지.

그게 언제부터였나 생각했더니
네가 자꾸 그 선배 이야기를 할 때부터였어.
그 선배 참 재미있다고, 참 신기하다고..

너 그랬거든.
그 선배 이야기 자주 했어.

많이 생각해 봤는데
오늘 네가 하고 싶은 말이라는 거
혹시.. 헤어지자는 말이니?

{그 여자

어쩌면 네가 먼저 알았겠다.
나는 내 마음이 이렇다는 걸
얼마 전에야 안 것 같아.

한 번도 너랑 헤어질 수 있다는 생각을 해 본 적이 없어.
뭘 믿고 그랬는지는 몰라도
나는 내가.. 너만 사랑할 줄 알았거든.

그래서 그 선배가 자꾸 눈에 들어오고
지나가는 사람들의 뒷모습이 그 사람처럼 보여도
그냥 닮은 사람이 많은가 보다 싶었고..

그런데 어느 순간
그 사람이 나한테 했던 말들을
내가 너한테 그대로 하고 있다는 걸 깨달았어.
떠도는 농담이나 드라마의 대사 같은 거.
그리고
너랑 만나서 했던 이야기들을
그 사람에게 그대로 하고 있다는 것도.

그럴 때마다 너한테 너무 미안했어.

아직 그 사람과 내가 어떤 사이가 된 건 아니야.
내가 너보다 그 사람을 더 좋아하는지
그것도 모르겠어.

그래서 헤어지자는 말은 못하겠어.
그렇다고 이런 나를
그냥 봐 달라고 말하지도 못하겠어.

나는.. 내가 무슨 말을 하고 싶은지
그것도 모르겠어.
아무것도 모르겠어.

Story #11
너로 인해 빛나던 시절

그래, 그 정도면 됐어. 너무 애쓰지 마.

나 오늘 네가 그런 이야기 할 줄 알고 있었어.
내가 원래 좀 똑똑하잖아.
웃기라고 한 말인데 안 웃네..

여기 너무 조용하다. 그치.
나도 무슨 말을 좀 해야 할 텐데..

음, 그런데 나는 다 이해해.
그러니까 나는, 우리가 끝까지
그러니까 내 말은, 우리가 결혼을 한다거나
그럴 거라고는 처음부터 생각 안 했어.

내가 나 자신을 더 잘 아니까.

그런데 있잖아.
네가 미안하다는 말은 좀 웃긴다.
아니 웃긴 건 아니지만 이상해.
왜냐하면 나는 좋았거든.
살면서 제일 좋았던 것 같아.

늙어서도 그렇게 말할 수 있을 거야.
스물일곱 스물여덟
그때의 내 삶은 네 덕분에
초라하지도 가난하지도 않았다고.

정말 그랬었어.

고마워.

아, 여기 공기가 너무 답답하네.
우리 그만 일어나자.

네가 덜 착했으면 내가 덜 힘들었을 텐데.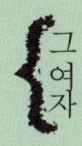

그랬으면 끝까지 너한테 매달릴 수도 있었겠지?
우리 부모님께 너에 대해 적당히 거짓말을 하자는
뻔뻔한 제안을 할 수도 있었을 거야.

'날 좋아하면 그래 줄 수 있잖아.'
'그렇게 해서라도 나랑 같이 있고 싶지 않아?'

하지만 너한테는 그러면 안 될 것 같았어.
넌 너무 착하니까.
그런 너를 내가 망칠 수는 없으니까.

넌 처음부터 그랬어.
다른 사람의 발에 걸려 넘어진 내가
다짜고짜 앞에 있던 너한테
왜 발을 거냐고 마구 화를 냈을 때

너는 영문도 몰랐으면서
내 사나운 말들을 다 받아 주고 난 뒤에야 그랬지.
무슨 일인지는 모르겠지만
다친 곳은 없냐고.

그때 그 서점에 갔던 거
넘어졌던 거
이렇게 착한 너를 알아봤던 거
나는 너무 후회해.

나 때문에
네 스물일곱 스물여덟이
너무 초라해질까 봐
나는 너무 슬퍼.

헤어지는 이유는 단 한 가지
Story #12

내 방에
허브 화분 있었던 거 기억나니?

한참 물을 안 줬거든.
당연히 죽었겠지 싶었는데
어제 보니까 아직 살아 있더라.

혹시나 해서 물을 줬더니
오늘은
새잎들이 막 피어나기까지 했어.

그런데 그걸 보니까
문득 내가
혼자 지낼 수도 있겠다는 생각이 들었어.
또 그래야 할 것 같고.

아무래도
그만 만나는 게 좋을 것 같다.

죽은 줄 알았던 허브가 아직 살아 있더라는 것.
황당하게도 그것이
그가 내게 말한 이별의 이유였다.

그런데도 나는 그 말을 순순히 받아들였다.
그리고 그 순간 나는
비유법이란 게 세상에 왜 필요한지도 깨달았다.

만약 그 사람이 내게 허브 화분이라는 말 대신
예전 그녀의 이름을 말해 버렸다면
아마 내가 그 자리에서 그 사람의 뺨을 때리거나
울음을 터뜨리지 않기는 어려웠을 테니까.

애당초 내 잘못이었다.

지난 사랑을 다 버리지도 못한 사람에게
남은 찌꺼기라도 좋으니 그거라도 달라고 보챈 것도
이렇게 일방적으로 헤어짐을 당해도
원망도 할 수 없을 만큼 내 멋대로 좋아해 버린 것도..

그간 계속 부족함을 느꼈지만
난 그걸 속도의 문제라고 생각하고 싶었다.
하지만 이렇게 되고 나니
결국은 감정의 종류가 달랐다는 걸 인정하지 않을 수 없다.

지난 5개월 동안
단 1초도
그는 나를 사랑하지 않았다.

네 마음은 알지만 넌 아니야
Story #13

내 첫 번째 소원은

오늘 밤 네가 나한테 갑자기 전화를 해서
이렇게 말하는 거야.

어제 내가 다시 시작하자고 말했을 때
사실은 너도 그러고 싶었다고
그런데도 네가 거절했던 건
나한테 미안한 마음이 들어서였다고.

내 두 번째 소원은

지금은 도저히 날 것 같지 않은 용기지만
내가 한 번 더, 죽을 용기를 내서
너한테 다시 시작하자고 말했을 때
네가 고개를 끄덕여 주는 것.

내 세 번째 소원은

사실 이건 그렇게 빌고 싶진 않은데
소원은 원래 세 가지를 빌어야 하는 거니까.

내 세 번째 소원은
네가 나한테 돌아오지 않을 거면
그러니까
네가 잠깐 나를 떠나서
그 사람에게 갔던 게 미안해서가 아니라
진짜 나한테 마음이 남아 있지 않아서 거절한 거라면
그렇다면
네가 그 사람과 다시 잘되는 것.
그래서 다시 울지 않는 너로 돌아가는 것.

그게 내 세 가지 소원이야.

{ 그 여자

그거 아니?
지금 네가 나한테 한 말들은
내가 그 사람에게 하고 싶은 말이라는 거.

네가 날 얼마나 좋아하는지
그래서 나는 잘 알 것 같아.

내가 그 사람에게 제일 하고 싶은 말을 찾다 보면
네가 나한테 한 말이 떠오르고
내가 너한테 할 수 있는 말을 찾다 보면
그 사람이 나한테 한 말이 생각나거든.

그러니 지금 이 순간
내가 너한테 할 수 있는 이야기는
어제 그 사람이 나한테 한 이야기.

왜 하필 나냐고
그렇게 당하고도 아직 내가 좋으냐고
다른 사람 좋아하라고
더 좋은 사람 세상에 많고 많다고..

나는 네가 지금 얼마나 힘든지 누구보다 잘 알아.
알면서도 어쩔 수 없는 게
더 잔인한 거겠지만.

미안해, 그리고 고마워.
그런데 내 첫 번째 소원은
너의 세 번째 소원이야.

네 마음은 알지만
너는 아니야.

바보들이 기다리는 법
Story #14

내가 어렸을 때 제일 서러운 기억은
시장에서 엄마를 잃어버린 거였어요.
그때 난 손등으로 눈물을 닦으며
엄마를 찾아 헤매고 다녔죠.

나중에 날 찾아낸 엄마는
이렇게 말씀하셨어요.

혹시 다음에 또 엄마를 잃어버리면
그땐 찾으러 돌아다니지 말고
그 자리에 그대로 있으라고
그러면 엄마가 찾으러 올 거라고.

다 자란 후에도 가끔씩
그때 꿈을 꾸면 꿈에서도 울곤 했어요.
대학에 떨어졌던 날
입대 후 훈련소에서의 첫날 밤..

그때처럼 오늘도 이 사람 많은 곳에서
이렇게 다 커 버린 내가 울고 있습니다.

하지만 이 자리에서 움직일 수는 없습니다.
움직이면
지금 저만큼 걸어가고 있는 그녀가
다시 돌아올 수 없을 것 같아서.

이 자리에 꼼짝 않고 서 있어야
그녀가 한참 후에라도 돌아와
나를 찾을 수 있을 테니까.

난 엄마를 잃어버린 꼬마처럼
이 자리에 오랫동안 서 있을 겁니다.

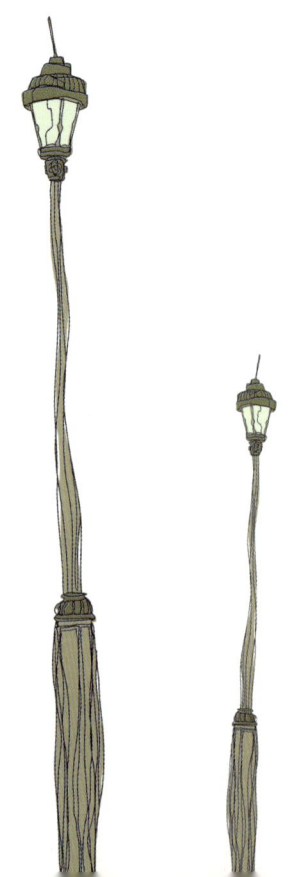

{ 그 여 자 }

그동안 하고 싶었던 말
마음에 쌓인 말
다 말해 버리곤 홀가분하게 자리에서 일어났습니다.

그래도 마지막 커피는
내가 사고 싶었어요.

혹시나 뒤따라 나오지는 않을까
서둘러 계산을 하고 카페를 나왔습니다.

유리문에 달린 조그만 종은
오늘따라 더 큰 소리로 딸랑거리고
난 그 소리에 놀란 사람처럼
급하게 걸음을 옮깁니다.

하지만 버스 정류장에 도착해
숨을 몰아쉬며 주위를 돌아보면
아무도 날 따라온 사람이 없습니다.

뭔가 이상합니다.
지금쯤은
내 어깨를 붙잡는 사람이 있어야 하는데.

그렇게 가면 어떻게 하냐고
그래도 우리는 아직 서로 좋아하지 않냐고
그렇게 말하며
내 어깨를 돌려세우는 사람이 있어야 하는데.

내 걸음이 너무 빨라서
아직 못 오고 있는 거겠죠? 그런 거겠죠?

버스 정류장, 하얗게 눈부신 화장품 광고에 기대어 서서
난 기다립니다.

누군가 기다림을 끝내면 누군가는 기다림을 시작한다
Story #15

그녀는 오지 않을 수도 있습니다.
처음부터 오지 않을 거라고 말했으니까요.

나는 이곳에 두 시간째 앉아 있지만
꼭 그녀를 기다리는 것은 아닙니다.
나는 다만 시간이 남아서 이곳에 계속 있습니다.

하지만 그녀는 올 수도 있습니다.
어쩌면 지금 이곳으로 오고 있을 겁니다.
귀찮아서 혹은 더 이상 내게 할 말이 없어서
나오지 않겠다고 말했지만

{그 남자}

생각해 보니 내가 기다릴 것 같아서
혹은 갑자기 할 말이 생각나서
30분 전 급히 옷을 갈아입고
집을 나섰을지도 모릅니다.

택시를 탔다면 지금쯤 그녀는
이 건물 반대편에 도착했겠죠.
횡단보도 앞에서 신호등이 바뀌기를 기다리고 있을 겁니다.
그렇다면 2분 후에 이곳에 도착할 겁니다.

아니 생각에 잠겨
신호등이 파란불로 바뀐 줄도 모르고
그 자리에 계속 서 있을 수도 있습니다.
그러면 3분이라는 시간이 더 걸릴 겁니다.

그러면 그녀는 5분 후에는 이곳에 도착할 겁니다.
꼭 도착할 겁니다.

{ 그 여자 }

가지 않았어요.
가지 않겠다고 말했으니까요.

사실은..
가려고 했어요.
약속 시간을 20분 남겨 놓고 집을 나섰죠.
지금까지 한 번도 그런 적 없지만
오늘은 마지막이니까 어쩌면 기다릴 것도 같아서.

택시를 탔어요.
그 사람이 기다리겠다는 장소를 말하곤
택시에 몸을 묻었죠.
그런데 예상과는 달리 길이 하나도 막히질 않았어요.
그대로 갔다면 약속 시간보다 먼저 도착했을 거예요.
그리고
그랬다면 내가 그 사람을 기다리게 됐겠죠.
언제나처럼.

그래서 택시를 돌렸어요.
기다리는 거
더 이상은 하고 싶지 않으니까.

나는 지난 시간 동안 그 사람을
시작부터 끝까지, 몇 분에서 몇 시간까지
끝도 없이 기다렸어요.
하지만 기다림에 지친 내 말을
그 사람은 늘 이해심 부족한 투정쯤으로 받아들였죠.

두 시간이 지났네요.
이미 그 사람은 일어났겠죠.
만약 10분이라도, 20분이라도 날 기다렸다면
그 사람도 이해했을까요?
기다림의 1분 1초는
영원일 수도 있다는 걸.

헤어진 후에야 알 수 있는 것들
Story #16

참 바꿀 게 많기도 하다.

따로 말하지 않아도
김치를 산처럼 쌓아 주던 이모네 밥집 대신
다른 밥집을 찾아야 하고
내가 가면
으레 얼음물부터 챙겨 주던 동네 작은 찻집 대신
혼자 가도 어색할 일 없는
테이크아웃 커피 가게에서 커피를 마셔야겠지.

휴대폰의 잠금 번호도 바꿔야겠구나.
이메일과 수많은 사이트들,
통장이며 신용카드의 비밀번호까지..

나 정말 단순하게 살았나 보다.
어떻게 그 모든 것이
온통 너하고 연관되어 있을 수가 있는지.

지난 시간 동안
내 옆에 마치 너 말고 다른 사람은
하나도 살지 않은 것처럼.

너 하나하고 헤어졌을 뿐인데..

바꿀 게 너무 많다.

피해 봤자 헛수고라는 생각이 들었어.

같이 다니던 길을 돌아가고
같이 다니던 카페에는 가지 않고..
그런데 소용없더라.

같이 다닌 흔적들에 쫓겨서 집으로 도망 왔는데
내 방 침대 위 곰 인형부터
창틀엔 선인장,
컴퓨터 바탕화면엔 그 사람이 찍어 준 내 사진..

그것들도 서둘러 치워 봤지.
그랬더니 더 또렷해졌어.

여기는 그가 내 생일에 사 준
커다랗고 하얀 곰 인형이
늘 똑같은 얼굴로 웃고 있던 자리입니다.
여기는 그가 꽃을 사 달라는 내게
언젠가는 꽃이 필 거라며 선물해 줬지만
2년간 한 번도 꽃을 피운 적 없는
못생긴 선인장이 놓여 있던 자리입니다.

그래서 피하는 건 포기했어.
정면 승부. 그냥 다 보고 살기로.
계속 보고 있으면 오히려 더 빨리 덤덤해질지도 모르지.

사람들 다 잘 잊잖아.
얼마만큼은 뻔뻔하잖아.
슬픈 추억 앞에서도 다 웃고
그러다 슬금슬금 잊고.

나도.. 언젠가는 그렇게 되겠지.
곧 그럴 수 있으면 참 좋겠다..

마지막 메시지
Story #17

내가 지금 너한테 행복하라고 말한다면
너는 진심이 아니라고 생각할까?

그런데 나는 정말 네가 행복했으면 좋겠다.

나는 네가 다른 사람이 좋아졌다고 말한 것보다
나하고 눈도 못 맞추고
이상한 존댓말을 쓰고
그렇게 죄지은 사람처럼 나를 대하는 게
더 마음이 아프더라.

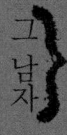

내가 널 얼마나 좋아했는지 누구보다 네가 잘 아는데
그런 네가 나한테 그런 말을 하기는 또 얼마나 어려웠겠냐.

그러니까 나는 그냥 그걸로 됐어.
계속 나 때문에 미안해하고 행복하지도 못한다면
네가 너무 가여울 것 같다.

사실 이제 와서 하는 이야기지만
나는 그동안에도 계속
더 좋은 사람이 나타나면 널 보내 줘야 한다고 생각했어.
누가 봐도 네가 아깝잖아.

물론 솔직히 말하면 꼭 그렇진 않지.
생각만 그렇게 했지
진짜로 이렇게 될 줄은 몰랐으니까.

어쨌든 나는 됐어.
이제 그만 마음 아파해라.

이 말 하려고 전화했는데 안 받는구나.
이건 듣자마자 지워 버려라.
그럼 그만 끊을게.

내 전화기는 몇 시간째 깜빡깜빡
네가 남겨 놓은 흔적을 외면하지 말라고
내게 신호를 보내고 있어.

부재중 전화 두 통
그리고 음성 메시지 하나.

너는 내게 무슨 말을 남겨 놓았을까?
내가 전화를 받지 않는 동안
그 지루한 신호음을 들으며
너는 무슨 생각을 했을까?

그 사람과 함께 있는 내 모습
네 전화를 외면하는 나를 떠올리면서
못 견디게 힘들진 않았을까.

미안하지만 놓아 달라고
뻔뻔한 얼굴로 말하던 내게
소리 한 번 못 지른 걸
그렇게 슬픈 눈으로 고개만 끄덕인 걸
후회하진 않았을까.

그런데 난 궁금해도 들을 수가 없어.
네가 돌아오라 말했대도
이젠 그럴 수가 없으니까.
네가 무슨 말을 해도
나는 그렇게 해 줄 수가 없으니까.

미안해.
네 마지막 말도 들어 주지 못해서
그냥 이렇게 지워 버려서
너무너무 미안해.

너도 나와 같다면
Story #18

너도 주말 내내 집에만 있잖아.

보고 싶은 영화가 있어도
같이 볼 사람이 없어서
못 보고 있잖아.

너도 텔레비전 보다가
내가 좋아하는 드라마가 나오면
다른 데로 채널 돌리잖아.

너도 라디오에서 슬픈 노래 나오면
못 듣고 꺼 버리고

너도 새벽마다
잠도 못 자고
전화기만 만지고

너도 사람들 많은 자리에서
내 이야기가 나오면
괜히 화장실에 가서
오래오래 손을 씻잖아.

너도 힘들잖아.

내가 잘못했지만
그땐 그것도 모르고
너한테 도리어 화만 냈지만
그래서 네가 나한테 많이 실망했겠지만

너도 아직 나 좋아하잖아.

아직은 안 늦었을 거야.
그러니까 다시 시작하자.

요즘은 하루하루가
꼭 낮술 먹은 할아버지 같다.

다 늦은 여름인데 비는 지겹게 내리고
매미 소리도 물러간 오래된 아파트에서
난 내내 혼자.

라디오를 들어도 텔레비전을 봐도
겨우 떼어 낸 생각들만 다시 가슴에 들러붙고
안 되겠다 싶어 잠이나 자려 하면
꺼 놓은 전화기에서도 벨소리가 울려 대고

너 아닌 누구라도 만나려고
괜한 약속까지 만들어 나가 보지만
사람들의 말들은 온통 한심하고
나는 멍한 얼굴로
내가 왜 여기 앉아 있을까 그런 생각 뿐.

그래, 영화나 보자
주섬주섬 머리를 묶고
아무 티셔츠나 갈아입고

그렇게 집을 나서려다가
난 지금 운동화를 신다 말고
현관에 주저앉아 있다.

나 지금 뭐 하는 거지?
내가 왜 이러고 있어야 하지?

우리 다시 시작하면 안 될까?
예전으로 돌아갈 수 없을까?
넌 어떻게 지내고 있을까?

우리가 어쩌다 이렇게 됐을까..

딱 네 글자, '잘 지내죠?'
Story #19

휴대전화를 열어서 조심조심
문자 메시지 한 통을 보냅니다.
'잘 지내죠?'

메시지를 보내려고 결심한 지
십 분이 지나서야 겨우 완성한 말입니다.
딱 네 글자
'잘. 지. 내. 죠?'

한참이 지나서야 도착한 답 메시지
'예, 오랜만이에요. 잘 지내죠?'
그리고 웃고 있는 이모티콘 하나.

그 눈웃음 하나에 나는 용기백배,
그녀에게 감히 전화를 걸어 봅니다.

"잘 지내시죠? 별일 없구요?
아, 예, 별일 없었구나. 예, 뭐, 저도 잘 지냈어요.
예, 뭐, 예, 아, 그럼 잘 지내세요. 예, 예, 예.."

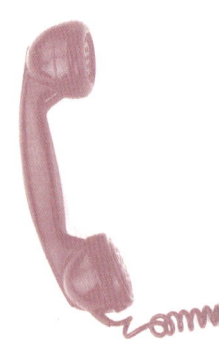

전화를 끊고 나면
난 무슨 대단한 고백이라도 한 사람처럼
숨이 턱까지 차올라 있습니다.
거기다 거울을 보면
꼭 한 시간 동안 물구나무선 사람처럼
피가 다 몰려 얼굴은 터질 것 같죠.

밀려드는 약간의 허탈함을 뒤로하고
난 일단 이 터질 것 같은 심장을 안정시키기 위해서
침대에 누워 생각합니다.
가쁜 숨을 몰아쉬며
'아, 내일은, 내일은 밥 먹었냐는 말도 꼭 해 봐야지.'

아프리카 어느 부족에게는
옷을 말하는 단어가 하나밖에 없다죠.
바지도 티셔츠도 외투도 속옷도, 심지어 양말까지도
그 사람들은 모두 같은 단어로 부른대요.

문득 그 사람이 보낸 메시지와
내가 보낸 메시지를 생각해 보니까
어쩜 우리 두 사람도
그런 세상에 살고 있다는 생각이 들었어요.

보고 싶던 마음과 반가움
연락하고 싶었지만 용기를 내지 못했던 미안함
너무 오랜만이라는 원망
또
 어떻게 지냈는지
  햇볕 드는 버스 정류장엔
   벌써 벚꽃이 피어난 걸 아는지..

   우린 그 모든 마음을 이 한마디로 표현하니까요.
  '잘 지내죠?'

  아직은
단어가 가난한 세상에 살고 있는 우리 두 사람.

하지만 자주 만날수록, 자주 통화할수록
단어의 수는 점점 늘어나겠죠?

언젠가는
보고 싶다는 말도
지금 당장 만나자는 말도
그리고
사랑한다는 말도
우리 세상에 자연스럽게 생겨나겠죠?

최고의 크리스마스 선물
Story #20

크리스마스요?
조오았죠!

아니, 특별히 뭘 한 건 아니고요,
저녁때 여자 친구랑, 크하하하, 그래요, 저
얼마 전부터 여자 친구 있는 남자예요, 크하하!
여자 친구랑 만나서 같이 밥 먹고
예매해 놓았던 콘서트 같이 봤고요,
그리고 원래는 어디 들어가서 간단히
맥주라도 한잔 마실까 했는데
가는 데마다 사람들이 꽉 차 있더라고요,
시끄럽기도 엄청 시끄럽고.

그남자 }

그래서 그냥 손잡고 돌아다녔어요.
리어카에서 휴대폰 줄 똑같은 걸로 두 개 사서 나눠 달고
커피 가게에서 커피 한 잔 테이크아웃해서
걸어 다니면서 마시고..

아, 제일 중요한 거, 이거!
이게요, 어제 제가 선물 받은 거예요. 여자 친구한테.

아이, 웃지 마요!
아니, 때타올이라뇨!
이게 색깔이 좀 그런데다 너무 짧고
거기다 좀 울퉁불퉁해서 그렇지
이래 봬도 제 여자 친구가 직접 짠 목도리예요!

이렇게 말하면
우리 엄마아부지랑 산타 할아버지가 삐치겠지만
그래도 나는 내가 받아 본 크리스마스 선물 중에
이게 최고로 마음에 들어요.

한번 만져 볼래요?
이게 얼마나 따뜻한데요~

{ 그 여자

뭐 사실 계획대로 되진 않았죠.
계획은 정말 근사했거든요.

일단 직접 짠 스웨터!
푹신푹신하고 넉넉한 스웨터를
그 사람에게 입혀 주고 싶었구요.
그리고 근사한 카페에 가서
내가 직접 만든 케이크를 딱 꺼내 놓고
둘이 같이 촛불도 끄고 싶었어요.

그런데 뭐 그 스웨터는
중간에 조끼가 됐다가
결국은 좀.. 좀 많이 짧은.. 목도리가 됐고요,
미리 봐 둔 카페는 자리가 없어서 들어가지도 못했고
케이크는 반죽만 몇 번 시도하다가 다 버렸으니까.

하지만 그럼에도 불구하고
최고로 재미있는 크리스마스이긴 했어요.

내가 준 목도리를 목에 두르고
입이 찢어지던 그 사람의 표정도
같이 걸어 다니면서 마시던 커피 한 잔도
오래오래 잊히지 않을 것 같거든요.

아 참, 그리고 이것두요!
이거 어제 제 남자 친구한테 받은 선물이에요.

어머? 무슨 말을 그렇게 하세요.
이거 고등학교 체육복 아니에요.
이게 색깔이 좀 그렇고 질감도 좀 그래서 그렇지
이거, 그 사람이 직접 고른 티셔츠예요

아이, 만지지 마요, 때 타잖아요.
이게 얼마나 따뜻한데요~

말하지 않아도
Story #21

여자 친구를 소개시켜 달라는 친구들의 등쌀에
어쩔 수 없이 그녀를 데리고 나온 술자리.

낯가림도 심하고 술도 못 마시는 사람이라
안 그래도 영 안심이 되지 않았는데
이 불한당 같은 친구 놈들!
언제 봤다고 제수씨~ 제수씨~ 그러면서
여자 친구한테 자꾸 술을 권하더라고요.

가뜩이나 나도 집중 공세를 당하고 있긴 했지만
그냥 보고 있을 수는 없잖아요.
"야야, 내가 대신 마실게!"

> 그 남자

잘하지도 못하는 술에
흑기사 노릇까지 하는 바람에
금세 머리가 어질어질.

다 풀린 눈으로 옆을 돌아봤는데
여자 친구 얼굴이 너무 불안해 보이더라고요.
나한테 이렇게 말하는 것 같았죠.

"오빠, 취한 거 아니지? 괜찮아? 정말 괜찮아?"

그래서 테이블 밑으로 손을 잡아 줬어요.
난 아직 괜찮다고, 멀쩡하다고.
그리고 오늘 괜한 고생시켜서 미안하다고.

그런 마음을 담아서 손을 꼭 잡았는데
여자 친구는 다 안다는 듯이
나를 보고 웃어 주네요.
예쁘기도 하고 고맙기도 하고.

마신 술이 다 깨는 기분입니다.

남자 친구는 유난히 주위에 사람이 많아요.
털털한 성격에
사람들을 챙기는 데도 워낙 부지런해서
하루 종일 전화기가 울릴 정도죠.

그런 반면에 난
집에 있는 걸 더 좋아하고
늘 연락하는 사람들과만 만나고
어디를 가나 주목받지 않을 정도로만, 중간쯤, 조용히
그렇게 지내는 편이구요.

하지만 그 사람의 취향도 있고
친구들 앞에서 체면도 있으니까
그래서 지금 여기에 와 있어요.
그 사람의 친구들이 벌써 몇 번이나
나를 데리고 오라고 했었나 봐요.

분위기에 도취된 사람들의 흥분, 시끄러운 음악 소리
자꾸 술을 권하는 사람들의 취기 어린 목소리..
이런 분위기가 너무 어색한 나는
자꾸 어깨가 움츠러듭니다.

'괜히 따라왔나 보다.
내가 이렇게 못나게 굴고 있으면
남자 친구는 얼마나 불편할까?'
점점 더 미안하고 불편한 마음.

그런데 그때, 그 사람이 손을 꼭 잡아 줬어요.
그 따뜻한 손은 이렇게 말해 주는 것 같았죠.
다 괜찮다고, 내가 여기 있으니 걱정 말라고.

신기하게도
금세 모든 것이 정말 괜찮아지는 것 같습니다.
그 사람의 눈길 한 번, 그리고 손길 한 번에.

우산 속 데이트
Story #22

비가 옵니다.
피부가 하얀 그녀
그래서 하늘색이 잘 어울리는 그녀는
오늘 하늘색 우산 속에서 많이 예뻐 보입니다.

한 우산 속에서 걷다 보니
어깨가 슬쩍 맞닿기도 합니다.
습한 공기에 끈끈하게 느껴지진 않을까
한발 옆으로 떨어져 봅니다.

그 남자:

금세 후회합니다.
한 걸음 떨어지긴 쉬웠지만
다시 가까이 다가서긴 어렵습니다.
그런데 고맙게도
갑자기 비가 많이 쏟아집니다.
놀라는 척하면서 간신히 그녀 옆으로 다시 다가섭니다.

아, 이럴 때 그녀의 어깨에 손을 척 얹고
"이래야 비를 덜 맞을 것 같아서요."
순진한 얼굴로 말하고 싶은데
이건 너무 흔한 수법처럼 보이겠죠?

방금 그녀가 물구덩이를 밟아서
그녀 발목에서 찰랑대던 발찌에 흙탕물이 튀었습니다.
허리를 굽혀 휴지로 닦아 주고 싶지만
그럼 또 엉큼하다고 생각할까 봐 망설이고만 있습니다.

비가 오는 날이 좋습니다.
그녀와 조금 더 가깝게 걸을 수 있고
그녀의 샴푸 냄새가
조금 더 오랫동안 코끝에 머무니까요.

비 오는 날의 외출.

좋아하는 빨간 우산을 잃어버려서
오늘은 하늘색 우산을 가지고 나왔어요.
거기다 힘들게 드라이했는데
앞머리가 자꾸만 돌돌 말려서
오늘은 스타일이 영 엉망이에요.

한 우산 속에서 걷고 있지만
어쩐지 그 사람과 내 어깨는
점점 멀어지는 것 같아요.

한쪽 어깨가 다 젖을 만큼
저만큼 떨어져 걷는 이 사람.
내가 슬쩍 팔짱을 끼면서
"이렇게 해야 비를 덜 맞을 것 같아서요."
말하고 싶은데
그래도 될까요?

으, 비가 오니까 지렁이도 외출했나 봐요.
밟을까 봐 급하게 발을 옮기다가
물웅덩이를 밟아 버려서
흙탕물이 그 사람의 바지에까지 튀었어요.

손수건으로 닦아 주고 싶은데
그러면 너무 이상하게 보이겠죠?

괜히 기분이 좋아져서
이리저리 고개를 돌리다 위를 올려다보면
그곳엔 하늘색 우산.
우리 두 사람만의 하늘이 있었네요.

우산 아래 아주 작은 세상
그곳에 우리 두 사람이 나란히 걷고 있습니다.

{ 그 여자

보물찾기 놀이
Story #23

요즘 보물찾기 놀이를 하고 있습니다.

얼마 전에 여자 친구가
제 자취방에 왔다 갔거든요.
그때 나보고 슈퍼에 가서
갑자기 콜라를 사 오라고 그러더니
그 잠깐 사이에
온 방에다 쪽지를 숨겼더라고요.

거울이고 책상이고 뭐 눈에 보이는 데는 물론이고
얼마나 구석구석 숨겨 놨는지
아직도 한참 남아 있는 것 같습니다.

> 그 남자

어제는 자려고 누웠는데
뭐가 자꾸 부스럭거리기에
베개를 뒤져 봤더니 그 속에
'잘 자, 내 꿈 꿔~'
그렇게 적혀 있었고요.

그리고 방금 보니까 화장실에도
그 왜 휴지걸이 있잖아요, 거기에
'자기야 시원해?'
그리곤 웃는 눈 모양 두 개 ^^
이렇게 그려져 있는 겁니다.

아유, 정말.. 귀여워 미치겠어요.

이 보물 쪽지가 몇 개나 더 남아 있을까요?

여자 친구 덕분에
칙칙하던 자취방이 보물섬이 된 것 같습니다.

그녀는 정말 신기한 요정 같아요.

{ 그 여자 }

며칠 전에 처음으로
남자 친구 자취방엘 가 봤어요.

생각보단 깨끗하다 싶었는데
자리에 앉아서 가만히 둘러보니까
급하게 치운 흔적이 다 보이더라구요.

가스레인지 주변엔 라면 부스러기
냉장고엔 달랑 김치통 하나
그리고 옷장 밑에는
신었던 양말 한 켤레가 돌돌 말린 채
엉큼하게 숨어서 웃고 있었죠.

그런 걸 보면서
마음이 좀 축축해졌어요.

이 사람, 저녁때 나랑 헤어져서 들어오면
여기서 혼자 라면을 끓여 먹고
양말을 빨고
그렇게 살고 있었구나..

그래서 혼자 있어도 외롭지 말라고
메모를 많이 남겨 놓고 왔어요.

거울 앞에는 '우와 잘생겼다'
컴퓨터 앞에는 '30분마다 하늘 보기'
베개 속엔 '잘 자, 내 꿈 꿔~'

서른 개도 넘게 남겨 놨는데
지금쯤 몇 개나 찾았을까요?
서랍 제일 밑에 숨겨 둔 쪽지도 찾았을까요?
거기엔 이렇게 썼는데..
'사랑해'라고.

무~우지, 어~엄청, 저~엉말, 이이~따만큼 Story #24

그녀는 참 뭘 열심히 좋아합니다.
그녀가 무지 좋아하는 것 중에
내가 알고 있는 것만 해도 아마 백 개? 아니 한 이백 개?

그녀의 표현에 의하면 무슨 초콜릿은
그냥 달달한 게 아니라 무~우지 달콤한 거고요,
어느 집 떡볶이는 너~어무 맵게 맛있죠.
또 무슨 만화 주인공은 어~엄청 멋있고
어떤 노래는 저~엉말 슬프고.

그런데 그런 여자 친구랑 항상 같이 다니다 보니까
나도 어느새 그렇게 말하게 되더라고요.
"자기야 지금 뭐 해?"
그녀가 물어보면 나는
"어, 나 지금 너~어무 심심해. 그리고 지인~짜 보고 싶어.
그러니까 자기 어~얼릉 나 만나 줄 거지?"

물론, 이때 말하고 나면 서둘러 주위를 살피긴 합니다.
누가 있으면 솔직히 좀 그렇잖아요.
나도 어디 가면 카리스마, 뭐 그런 거 있다면 있는 사람인데.

그런데요, 누가 뭐래도 나는 요즘 이런 내가 싫지 않습니다.
내가 이렇게 말하는 걸 들킬 때마다
친구들은 당분간 절교를 선언하고 싶다고 하지만
다 질투라고 생각하려고요.

사실 그녀를 좋아하는 내 마음은
이젠 그냥 좋다는 말로는 표현이 다 안 되거든요.
무~우지, 어~엄청, 저~엉말, 이이~따만큼 그렇게 좋은 거.
다 알죠?
모르나?

> 그 남자

사실 처음 만났을 때
이 남자는 너~어무 재미가 없었다.
무뚝뚝하고 덤덤하고 좋은 것도 없고 싫은 것도 없고
그래서 난 내내 혼자 떠들어 댔다.

이른바 나에 대한 이분법.
난 치즈케이크를 어~엄청 좋아한다.
하지만 맛없는 치즈케이크는 죄악이라고 생각한다.
내가 최고로 좋아하는 음식은 떡볶이지만
너~어무 짜거나 맵기만 하면 저~얼대 용서할 수 없다.
나는 키가 큰 남자는 무~우지 좋아하지만
키만 크고 마음은 작은 남자는
세상에서 제~에일 싫어한다.

사실 난 그쯤 말하면 이 수줍고 무던한 남자가
내 수다에 확 질려 버릴 줄 알았다.

그런데 이 남자 아주 신기하게 날 쳐다보고 있더니
갑자기 내가 무~우지 좋다는 거다.
자기도 그렇게 재미나게 살고 싶다나?

그때 날 닮고 싶다던 그 남자는
이젠 아예 나를 능가한다.
시도 때도 없는 과장법에 팔불출에 주책바가지.

가끔은 내가 멀쩡한 한 남자를
버려 놓은 것 같은 기분이 들 때도 있다.
하지만 뭐, 내가 책임지면 되는 거 아닌가?

난 아무래도 어~엄청 오랫동안 이 남자를
무~우지 사랑할 것 같으니까.

나만 행복해서 미안
Story #25

남자는 참 많은 이야길 준비했었다.

오는 길 버스를 기다리고 있을 때
낙엽 하나가 정수리 위에 축복처럼 내려앉았다는 이야기

그래서 올려다본 하늘이 눈을 벨 듯 파랗더란 이야기

오늘따라 노을도 참 선명하더라는 이야기

노을이 지며 한강 다리에 불이 들어오는 순간
이상스럽게도 가슴이 일렁거렸다는 이야기

이어폰을 나눠 끼고 나란히 걸어가는 연인을 봤을 땐
그게 미치게 부럽더라는 이야기

무엇보다 이런 감정들을 느끼고 있다는 게
스스로 너무 신기했다는 이야기

그 많은 이야기들을 마음에 담은 채
남자는 더듬더듬 말을 꺼냈다.

"그, 제가, 그, 버스를 타고 왔거든요.
정류장에 서 있는데 머리 위로 낙여.. 콜록 콜록콜록"

너무 긴장한 탓에 침도 제대로 못 삼킨 남자는
난데없이 기침을 마구 해 대고
그런 남자를 여자는 근심스레 바라보고
남자는 괜찮다는 시늉으로 손을 내젓다가
숨차게 말을 잇는다.

"콜록, 아이고, 음, 보고 싶었다고요."

여자는 그제야 활짝 웃고
남자는 그제야 숨을 쉰다.

{ 그 여자

남자에게서 전화가 걸려 온 순간부터
여자에겐 미안한 상대가 많아졌다.

틈만 나면 만나서 수다를 떨던 친구에게도
"오늘은 나 중요한 일이 생기는 바람에 못 만나겠어.
미안해서 어떡하지?"

매일 기대어 놀던 벽에게도
"나, 이제 너랑 하루 종일 붙어 있는 거 못할 것 같아.
내 체온이 그리울 텐데 미안해서 어쩌지?"

꽃병에 꽂혀 있는 활짝 핀 장미에게도
"내 마음은 이제 막 피어나는데, 넌 이제 지는 일만 남았네.
미안해서 어떡하니?"

그렇게 여자는 남자를 만나고
남자는 무슨 말을 하려다 갑자기 기침을 해 대고
여자는 저 기침이 끝나면 무슨 말이 나올까
한껏 긴장을 한다.

기침을 그친 남자는 보고 싶었다 말하고
여자는 그제야 웃는다.
그리곤 아직도 숨을 고르는 남자를 위해
준비해 온 이야기를 고백하듯 꺼낸다.

오늘 하루
미안한 상대가 참 많았다고.
거리에서 고단한 얼굴로 과일을 팔던 아저씨에게도
향수를 잔뜩 뿌린 채 집을 나서던 자신을
몹시 낯설게 바라보던 흰둥이에게도
바스락, 발밑에 밟히는 낙엽들에게도
몇 번씩이나 가만가만 속삭였다고.

"나만 행복해서 미안해요."라고.

콜라, 오렌지주스, 캔 커피 그리고 산성비
Story #26

그녀와 두 번째 만나는 날.
그런데 약속 장소는 지하철역 입구.
좀 웃기죠?
그런데 그 장소 정하는 게 참 어렵더라고요.
남자들은 친구들 만나면 술이나 마시지
커피 마시러 가고 그러진 않잖아요.
그녀도 워낙 아는 곳이 없다고 하고.
그래서 좀 이상하긴 하지만 지하철역에서 만나기로 했죠.

계단을 신나게 뛰어올라 가 보니
그녀는 나보다 먼저 도착해 있습니다.

"어? 나 늦은 거 아니죠?
왜 이렇게 빨리 왔어요. 많이 기다렸어요?"

그녀는 대답 대신 들고 있던 비닐봉지에서
캔 커피와 오렌지주스 그리고 콜라를 한 캔씩 꺼내더니
날더러 고르랍니다.

"와, 이거 나 주는 거예요?
근데 혹시 부모님이 자판기 사업하세요?
무슨 음료수를 그렇게 종류별로 샀어요?"

그랬더니 그녀는 혀를 쏙 내밀며 대답하길
내가 뭘 좋아할지 몰라서 이것저것 사 왔다구요.
그 마음이 몹시 감격스러워서
나는 오만 가지 주책을 부려 봅니다.

"아유, 나는요 다 잘 먹어요!
수돗물도 잘 마시고요, 산성비도 막 마셔요!
아 진짜 오늘 내 입이 엄청 호강하네.
이거 내가 세 개 다 마셔도 되죠?"

{그 여자

점심때 친구한테 자랑했거든요.
오늘 드디어 데이트한다고.
친구가 묻더라구요.
오늘 만나서 뭐 할 거냐고.

아직 모르겠다고 했죠.
그랬더니 친구가 진지하게 그런 말을 해 줬어요.

'뭐 먹을까? 어디 갈까?' 물어볼 때마다
'아무거나, 아무 데나' 그렇게 대답하는 사람,
데이트 상대로는 아주 별로라고.

처음엔 내 뜻에 따라 주는 것 같아서 고맙다가도
나중엔 만나는데 아무 생각 없이 나오는 것 같아서
짜증나고 서운할 수도 있다구.

아우, 뜨끔했죠.
어제 통화할 때 내가 딱 그랬거든요.

그런데 사실 내가 우유부단하긴 하지만
어제 난 정말로
그 사람 편한 데서 만나고 싶고
그 사람이 좋아하는 거 먹고 싶고
그래서 그랬던 건데..

그래서 내가 절대 무성의한 게 아니었다는 걸 보여 주려고
미리 나가서 음료수를 샀어요.
근데 흐흐, 내 우유부단함이 어디 가겠어요.
뭘 골라야 할지 한참 망설이다가
음료수를 세 캔이나 사 버린 거 있죠?

다행히 그 사람은 기분 좋게 받아 주더라구요.
좀 우습긴 했겠지만
그래도 내 마음은 다 전달된 거겠죠?

버스 안에서

하늘이 참 깨끗하지?
햇빛도 좋고 바람도 없고
지하철 대신 버스를 타길 잘한 것 같아.
길도 별로 안 막히네. 너도 그래?
역시 하늘도 우리의 만남을 축복하는 거지, 으하하.

있잖아, 지금 내 앞자리에 어떤 아줌마가
아기를 안고 앉아 있는데 아기가 무지 예뻐.
눈이 너처럼 동그랗고 입술도 되게 귀여워.
아직 말은 못하나 봐.
계속 어버어버 그러고 있다야.

어, 나 보고 막 웃네?
아기들이 날 좋아하나 봐.
하긴 아기들 눈은 정직하니까
착한 사람을 알아보는 거지.

야, 나 진짜 좋은 아빠가 될 것 같지 않냐?
나중에 저렇게 예쁜 딸은 꼭 하나 있으면 좋겠어.
나는 아기 못 낳으니까
어쩔 수 없이 네가 낳아야겠다. 그치?
나는 기저귀 값 열심히 벌게.

어, 벌써 종로2가다!
아기랑 빠이빠이하고 벨 눌렀어.

나 이제 내린다.
넌 어디까지 왔어?
빨리 와, 빨리빨리.
보고 싶단 말이야.

흔들흔들
한가로운 버스 안
제일 뒷자리에 앉아 있습니다.

그 여자

차창으로 햇살이 쏟아지네요.
나른한 기운이 버스 안에 가득한가 봐요.
사람들의 머리가
이쪽저쪽으로 기우뚱기우뚱.

우웅하는 엔진 소리
기사 아저씨가 틀어 놓은 라디오 소리
말 안 듣고 빼애빼애 떼쓰는 아이
그 아이, 엄마한테 혼나는 소리

하지만 가장 기분 좋은 소리는
전화기 속에서 들려옵니다.

끝도 없이 이어지는 남자 친구의 수다

처음엔 이렇게 될 줄 몰랐어요.
그 큰 덩치에 투박한 목소리
내가 아무리 뭐라 말해도
곰처럼 씨익 웃기만 하던 그 사람이

지금처럼 귀엽게 수다를 떨 거라고는
이렇게 나를 행복하게 해 줄 거라고는
정말
생각지도 못했으니까요.

Chapter 4
사랑에 서툰 당신을 위한 열 가지 조언

추우면 춥다고, 아프면 아프다고,
보고 싶으면 보고 싶다고,
사랑한다면 사랑한다고..
말 해 주 세 요.

한 번 더 참기
Story #28

그녀가 또 늦습니다. 벌써 20분 경과.
이 시각쟁이! 게으름뱅이! 굼벵이!

아마 학교 다닐 때도
보나 마나 지각 대왕이었을 겁니다.
안 봐도 다 알죠.
매일 아침 허둥지둥 헐레벌떡 막 뛰어가다가
철푸덕 엎어지는 모습이 보이는 것 같네요.
내 앞에서도 몇 번이나 넘어졌거든요.

그 남자

솔직히 말하면 학교 다닐 땐 나도 좀 유명했어요.
'지각 윤' 이라고.
하지만 요즘은 안 늦죠.
그건 매일 지각하던 애가 소풍가는 날은
엄마가 안 깨워도 일찍 일어나는 거랑
비슷한 원리라고 할 수 있기도 하고요.

아 또 그렇잖아요. 내가 늦게 나오면
여자 친구가 혼자서 길거리에 서 있을 텐데
그건 안 되죠.

그런데 요즘은 하도 여자 친구가 늦으니까
나도 아예 10분쯤 늦게 나갈까 싶기도 하더라고요.
하지만 그래도 '혹시나.. 혹시나..' 그런 생각 때문에
오늘도 이렇게 하염없이 길바닥에서 기다리고 있습니다.

하긴
나도 나지만 매번 늦는 여자 친구는
얼마나 지금 마음이 바쁘겠어요?

문자 메시지나 한 통 보내 줘야겠습니다.
차가 막혀서 나도 좀 늦을 테니까 천천히 오라고
또 뛰어오다가 넘어지지 말라고요.

나 원래 지각 같은 거 잘 안 하는데
남자 친구랑 만날 때면 꼭 이래요.

{ 그 여 자 }

나오려다 보면 앞머리가 이상하고
나오려다 보면 눈썹이 짝짝이 같고
또 나오려다 보면
이번엔 신발이 너무 튀는 것 같고..

 그렇게 현관을 몇 번 들락거리다 보면
시간은 훌쩍 지나가 버리죠.

오늘도 20분쯤 늦었거든요.
약속 장소로 정신없이 뛰어가는데
저만큼에 전화기를 들고 있는
남자 친구의 뒷모습이 보입니다.

"나 왔어!"
소리를 지르는데 메시지가 도착했어요.
그런데 그 내용이
자기도 아직 도착 못했다고
천천히 오라고.

가뜩이나 미안해 죽겠는데
내 맘 편하라고 거짓말까지..

눈물이 핑.
살금살금 걸어가
남자 친구의 등 뒤에 숨어 답장을 보냅니다.

'있잖아, 지금 절대 뒤돌아보지 마.
나 너무 미안하고 고마워서
확 녹아 버릴지도 몰라.'

힝, 다음엔 꼭 내가 먼저 도착해서 기다려야지..

선물에 대한 고정 관념 버리기
Story #29

우편함에서 편지 한 통을 발견했습니다.

손수 쓴 편지를 받아 본 게 언젠지..
거기다 크레파스로 이렇게 삐뚤삐뚤 글씨는
더 낯설고 신기했죠.

언뜻 보기엔 초등학생이 쓴 것 같아서
잘못 배달된 게 아닌가 싶었지만
다시 확인해 봐도 분명 내 이름이 적혀 있더라고요.

조심스럽게 봉투를 뜯었더니
같은 글씨체로 이렇게 적혀 있습니다.

{ 그 남 자 }

'왼손은 순수래.
왼손으로는 함부로 새끼손가락을 걸어서
지키지 못할 약속을 한 적도 없고
남을 미워하는 글도 써 본 적이 없으니까.'

그리곤 지금 이 편지가
왼손으로 처음 쓰는 편지라구요.

그녀는 이런 사람입니다.
세상에서 제일 예쁜 이야기들을 알아내서는
내게 말해 주고, 선물해 주고..

그럴 때마다 난
눈도 코도 입도 없는 사람이 되는 것 같습니다.
늘 이렇게 아무것도 준비 못한 채 받기만 하니까요.

더 좋은 방법이 떠오르지 않으면
집에 돌아가서 나도
아주 오랜만에
아니 난생처음으로
긴 손 편지를 한 통 써야겠습니다.

{ 그 여자 }

요즘 참 많이 바빠졌습니다.
인터넷을 하면서도
길거리를 걸으면서도
예쁜 말, 좋은 것들은 그냥 넘길 수가 없어요.
모두 다 그 사람에게 전하고 싶어서..

내가 이런 것들을 선물하면
그 사람은 언제나 쑥스럽게 웃기만 합니다.

고맙다거나, 뭐하러 이런 걸 샀냐거나
그런 말도 없어요.
하지만 좋아하고 있다는 건
분명히 알 수 있었죠.

얼마 전에 왼손으로 쓴 편지를 한 통 보냈었는데
아무 대답이 없었거든요.
혹시 너무 유치하다고 생각하는 건 아닌지
내심 걱정하고 있었는데

아까 카페에서 화장실에 갔다 오며 보니까
그 사람, 탁자 위에 티슈를 펼쳐 놓고
왼손으로 글씨 쓰는 걸 연습하고 있더라고요.

무뚝뚝하고 쑥스러움 많은 사람이라
정말 답장을 쓰거나 하진 않겠지만
그 모습을 본 것만으로도 충분하다 생각했어요.
내가 주는 선물에 그 사람이 기분 좋아하는 것.
하지만 나보단 덜 좋을 거예요.

그 사람에게 주고 싶은 것을
생각하고 고르고 포장하는 동안
누구보다 내가 행복하니까.

선물은 그런 건가 봐요.

칭찬에 인색하지 말기
Story #30

저녁을 먹고 있는데 엄마가 그러십니다.
"너 지금 뭐 하는 거니?"

"어? 뭐가?" 그러고 보면
내가 온 식탁의 생선 살을 막 헤집고 있죠.
"어, 아니, 이거 먹으려고."

다시 이어지는 엄마의 잔소리,
그럼 먹을 만큼만 손을 대지
왜 다른 사람 접시의 생선들까지
죄 그렇게 못살게 구냐고요.

> 그 남자

"아, 먹기 편하게 내가 다 발라 주려고 그랬지."

그러곤 다시 밥을 먹는데
혼자 실실 웃음이 납니다.

그럴 만한 일이 있었거든요.

얼마 전에 백열등이 달린 꼬치구이집에서
여자 친구랑 둘이서 술을 마시는데
안주로 삼치구이가 나왔어요.

무심코 내가 살을 발라 줬더니
그녀가 막 웃더라고요.
"왜? 뭐가 이상해?" 물었더니
그녀가 대답하길
"아니, 멋있어."
자긴 엄마처럼 자상한 남자가 제일 좋다나요.

뭐, 내가 좀 자상하긴 하죠. 히이히.
다음에는 김치도 찢어 줘야지.

{ 그 여 자

그 사람이 그렇거든요.
과자 봉지 하나를 뜯어도
온 사방에 과자가 흩어지고
콜라 캔을 따도 힘 조절을 못해서
꼭 몇 방울은 옷에다 엎지르죠.
손가락에 반창고를 감거나
운동화 끈을 묶는 일 하나까지
뭘 해도 어설픈 사람.

그런데 그런 사람이
어느 날 생선 살을 발라 줬어요.
대나무 젓가락이 이쑤시개로 보일 만큼
두껍고 큰 손으로 어설픈 젓가락질을 하고 있었죠.

말이 살을 바르는 거지
온통 생선을 뒤적뒤적..

"아휴, 그만둬, 내가 할게.
그러다간 먹을 것도 없겠어!"
당장 그렇게 말하고 싶었지만
나름대론 얼마나 진지한지
그냥 칭찬을 해 줄 수밖에 없었어요.

그랬더니 이제 생선 비슷한 것만 나와도
자기가 해 주겠다며, 넌 가만히 앉아만 있으라며
그렇게 혼자 뿌듯해합니다.
그래 봤자 반건조 오징어를 찢어 주는 것 정도지만요.

그래도
역시 칭찬하길 잘했다 싶어요.
하다 보면 늘기도 할 테고
또
다른 건 다 어설프면 어때요?
날 생각하는 마음만 야무지면 되는 거죠.

뒷모습까지 챙겨 주기
Story #31

참 이상한 일입니다.

난 잠깐 화장실에 다녀왔을 뿐인데
그 사이에 여자 친구가
이상하게 기분이 좋아져 있습니다.

깍쟁이 같은 그녀가
바보가 된 것처럼 자꾸 해죽해죽 웃더니
생전 하지도 않던 말도 합니다.

내가 자기 곁에 있어서 참 든든하다는 둥
늘 고마워하는 거 아냐는 둥..

더 이상한 건
일어날 생각을 안 한다는 겁니다.

원래는 열 시만 넘어도 늦었다고 난리를 치곤 하거든요.
취한 아저씨들 많은 막차도 타기 싫고
밤에 타는 택시도 무섭다고.

그렇다고 내가 데려다 준다면
그것도 싫대요.
택시비도 아깝고 왔다 갔다 하는 시간도 낭비라고.

나야 뭐
이렇게 많이 웃고
나랑 오래 있어 주고
그래서 좋긴 한데
영문을 몰라서 좀 어리둥절하네요.

갑자기 왜 이러지?
내가 화장실 간 사이에
누가 왔다 가기라도 한 건가?

그 사람이 화장실에 간 사이에
탁자 위에 놓여 있는 지갑을 열어 봤어요.

많이 낡았네.
이번 생일 땐 지갑 사 줘야겠다.

지갑엔 돈도 별로 없더라고요.
자기나 나나 형편이 뻔한데
매번 자기가 낸다고 고집 부리더니..

그리고 지갑 한쪽엔 꾸깃꾸깃 영수증 하나.
그 영수증 뒤쪽엔 숫자들이 쓰여 있었죠.
아 52 6542, 사 55 3994, 바 35 7236.

마지막에 적혀 있는 번호를 보니까
그 숫자들이 뭔지 알 것 같았어요.
그건 바로 어제 내가 탄 택시의 번호였거든요.

밤에 택시 타기 싫다고
헤어질 때마다 징징거렸는데
내가 출발하면 뒤에서
이렇게 차 번호를 적고 있었구나.

지갑을 제자리에 놓는데
눈물도 나고 웃음도 나고..

그래서 오늘은 좀 더 같이 있다가
택시 타고 집에 가려구요.

내 뒷모습까지 다 지켜 주는
든든한 사람이 있으니까
아무 걱정 없어요.

사랑하면 사랑한다고 말하기
Story #32

회사 건물 전체가 금연이라서
담배 한 대 피우려고 옥상까지 올라왔는데
후.. 날씨가 참 춥다.
내가 뿜고 있는 게
입김인지 담배 연긴지 헷갈릴 정도로.

멀리 보이는 한강 다리에는
벌써 조명이 다 들어와 있네.

네가 예전에 그랬지
서울엔 한강이 있어서 좋다고.
그게 아마 막 서울로 올라온 나한테
서울 구경시켜 준다면서
같이 유람선을 타러 갔을 때였을 거야.

나는 그때 속으로 그렇게 생각했었다.
'아이다, 서울에는 한강이 아니라
니가 있어서 좋은 기다.'

그런 이야기 말로는 못했지만
나한텐 정말 네가 있어서
낯설기만 했던 서울도 살 만한 곳이었어.

그해 겨울, 서울의 독한 추위에
꼼짝없이 독감에 걸려 버렸을 때도
감기약을 사 들고 자취방에 와 주던 너만 있으면
난 펄펄 끓던 이마의 열도
뜨뜻해서 좋다며 웃을 수 있었지.

참 무식하게 사랑했던 것 같다.
진짜 좋아했는데
진짜 많이 좋아했는데
사랑한다는 말도 한 번 못했던 나란 인간은.

그 남자

꾸물꾸물 굼뜬 하늘처럼
자꾸만 마음이 가라앉는 날
이어폰을 귀에 꽂고
따뜻한 캔 커피 하나 주머니에 넣고
한강을 찾았어.

서울을 벗어나지 않고도
일상을 비켜 갈 수 있는 곳
서울은 한강이 있어서 좋아.

유난히 서울을, 복잡한 곳을 싫어하던 너도
한강에 올 때만은 편안해했었지.

좀처럼 고쳐지지 않던 사투리처럼
고집 센 무뚝뚝함으로
사랑을 해도 사랑한다 말할 줄 모르고
열이 펄펄 끓어도 아프다 말할 줄 몰랐던 너.

표현 없는 너에게 지쳐
나는 너를 놓아 버렸지만
헤어진 후 혼자 한강을 찾은 후에야,
슬그머니 뒤에서 바람을 막아 주는 너 없이
차가운 강바람 속에 혼자 서 있어 본 후에야,
나는 알 것 같았지.

말하지 않았을 뿐
너의 사랑은 참 따뜻했었다는 것을.

곧 많이 추워진다는데
이젠 너도 서울의 겨울에 익숙해졌을까?
이젠 추우면 춥다고
아프면 아프다고
사랑하면 사랑한다고
말할 수 있을까?

{그 여자

때로 과감히 떠나기
Story #33

아니야, 넌 내가 응?
네가 다른 남자들이랑 엠티 간다고
질투나 하고 혼자 방에서 이불이나 뜯고 그럴 것 같냐?

야, 꿈 깨. 나는 네가 1박 2일 동안
정우성하고 무인도에 간다고 해도
밤마다 다리 쭉 뻗고 잘 사람이야. 이거 왜 이래.

말이 나왔으니 말인데, 정우성이 널 쳐다나 보겠냐?
다 나니까 널 데리고 다니는 거지.
알면 고맙게 생각해!

근데 뭐, 짐은 다 쌌냐? 약 같은 건 챙겼고?
옷은? 다 챙겼어?
못 고르겠다니 그게 뭔 소리야.
뭘 골라, 그냥 추리닝 몇 벌 가지고 가!
왜? 누구한테 잘 보일 일 있어?
아니, 내 말은 편하게 가라는 거지.

충전기는? 충전기 챙겼어?
아니 나는 괜찮은데 연락 안 되고 그러면
집에서 걱정하실 거잖아. 안 그래?

그래, 그럼 끊을 테니까 짐 싸.
야! 근데 너 술은 진짜 마시지 마!
그리고 혹시 밤에 어떤 남자 선배나 동기가
이야기할 거 있다면서 불러내면 절대 나가지 마.
그게 아니라, 말할 거 있다고 불러내 놓고
너 못생겼다고 때릴 수도 있어서 그래.
아 뭐가 말이 안 돼?

어? 그래 알았어, 끊을게.
야! 너 충전기 확실히 챙겼지? 알았어, 끊을 거야. 나도 바빠.
아, 맞다 참. 야! 여보세요? 야! 야! 야!

이 남자, 처음엔 꼭 내 조카 같았어요.
삐치고 징징대고
가끔 내가 화를 내면
진짜 불쌍한 표정으로 모성 본능을 자극하고.

그래서 뭐 내가 따뜻하게 보듬어 줬죠.
이리 와 쭈쭈쭈..

그런데 그렇게 슬그머니 내 마음에 들어오더니
그 다음엔 아빠처럼 굴더라구요.

늦게까지 술 마시지 마라
너무 짧은 옷은 입지 마라
달라붙는 옷은 입지 마라
그런 거 입을 거면 나랑 만날 때만 입어라..

그런데 오늘은 이 남자가
조카도 아빠도 아니고 진짜 남자 친구 같네요.

사실 우리가 만난 후로
이렇게 여행을 간다거나 하는 건
처음 있는 일이거든요.
그동안 절대 내 앞에서
질투를 한다거나 안절부절못한다거나
그런 모습을 보인 적 없었는데
오늘 초조한 김에 나한테 다 들킨 거죠.

힛, 신난당.
갑자기 배탈이 나서 엠티를 못 가도
하나도 안 서운할 만큼.

엠티가 이런 기능이 있었네요.
이제 알았으니 한 번씩 떠나 줘야겠어요.
가서는 보고 싶어 막 울더라도.

{ 그 여 자

착한 거짓말하기
Story #34

여자 친구가
난데없이 머리를 들들 볶고 나타났습니다.
딱 보는 순간 생각했죠.
'아, 이건 아니다. 진짜 아니다.'

여자 친구 얼굴엔
누가 뭐래도 긴 생머리가 딱이거든요.
얼마나 청순하고 예뻤는데.

그런데 정작 여자 친구는 자기 머리가 마음에 드는지
뿌듯한 표정으로 자꾸 묻는 겁니다.
"나 어때? 괜찮아?"

"야, 괜찮긴 뭐가 괜찮아!
너 훨씬 나이 들고 못생겨 보여. 빨리 풀고 와!"
이렇게 말하면 그녀가 삐치는 건 당연한 일.
전 그냥 담담하게 이렇게만 대답했습니다.
"너, 집에 보일러 터졌니?"

그날 이후로 계속 시달렸어요.
물론 그냥 예쁘다고 말해 주면 해결될 일이었죠.
하지만 그러기엔 청순하던 옛 모습이
너무 그리웠습니다.

그러기를 일주일째
오늘 단단히 삐친 그녀가 내 손을 끌고
말없이 미용실에 가더군요.

이렇게 해서 마침내 여자 친구는
찰랑거리는 생머리로 돌아왔습니다.
전 지금 동해물과 백두산이 마르고 닳도록
예쁘다고~ 예쁘다고~ 칭찬해 주는 중이죠.

아, 좋네요.

{ 그 여자

사실 나한텐 긴 생머리가 잘 어울려요.
나도 알고 있죠.
파마를 하겠다고 했을 때
미용실 언니들도 말렸을 정도니까.
그렇지만 '청순하다', '얌전하다'
나에 대한 그런 수식어를 한 번쯤 바꾸고 싶었어요.

사실 예전부터 그러고 싶었죠.
안 그런 척했지만
사람들의 시선에 신경 쓰느라
옷도 머리도 검증된 스타일이 아니면
시도해 보지도 못했거든요.

그런데 이젠 남자 친구, 그러니까
날 제일 예쁘다고 말해 주는 사람이 있다는 게
나한테 자신감을 줬던 것 같아요.

'다른 사람이 뭐라고 해도 상관없어.
그 사람은 내 어떤 모습도 좋아해 줄 거니까.'
그렇게 생각했는데..

많이 섭섭했죠.
'이 사람, 내가 나중에 늙고 뚱뚱해지면
날 사랑하지 않겠구나.' 그런 생각도 들고..

지금 옆에서 다시 머리를 풀었다고
좋다고 웃고 있는 남자 친구,
아직도 많이 얄밉고 서운해요.

혼자 마음을 달래고 있는 중입니다.
'그래, 최소한 나한테 거짓말은 안 하겠구나.'

하지만 여전히 씁쓸하네요.
때로 착한 거짓말은 필요한 거 아닌가요?

첫사랑을 묻는 유도 심문에 넘어가지 말기 Story #35

{그 남자}

뭐 하냐?
야, 넌 왜 남자 친구 없는 사람처럼
주말에 드라마 재방송이나 보고 그래.

드라마 뭐 보는데?
아아, 그거? 첫사랑 어쩌고 하는 거?

응? 그럼 물어봐도 되지. 뭔데?

에이, 말도 안 되는 소리지.
드라마니까 그렇지, 세상에 어떤 이상한 인간이
죽을 때까지 첫사랑만 생각하고 사냐?

나? 글쎄다..
난 뭐 가끔 생각하긴 하지.
네가 지금처럼 나오라고 해도 귀찮다고 안 나오고
내 말도 안 듣고 그러면
'아, 그 때가 좋았는데.. 그 여자한테 다시 갈까?'
그런 생각 들기도 하지.

야, 농담이야 농담! 첫사랑? 그게 뭐냐?
사탕 이름인가? 뭐야? 먹는 거야? 기억도 안 나.
아니, 그건 다른 남자, 아주 특수한 남자들 이야기지.

야! 너 그 드라마 보지 마!
아주 애를 이상하게 만드는 드라마네 그거.

하여튼 나와.
괜찮아. 그냥 대충 하고 나와.
뭐가 두 시간이나 걸려, 세수만 하고 나오라니깐.
야, 30분 안으로 안 오면
나 기다리다 지쳐서 첫사랑한테 돌아간다!

어, 티비 봐. 몰아서 다시 보기.

뭐야 지금 너
나 할 일 없는 사람 취급하는 거야?
주말엔 놓친 드라마를 몰아 봐 주는 게
내 중요한 일상이란 말이야.
그리고 나 요즘 이 드라마 하나밖에 안 보거든?

아 맞다, 나 물어볼 거 있는데.

진짜 남자들은 평생 첫사랑을 못 잊어?
언제든지 돌아가고 싶고 막 그래?
넌 어떤데?

어쭈, 그럼 너 나 만나면서
정말 첫사랑 생각은 했었다는 거네?

필요 없어! 농담 아닌 거 다 알아!
남자들은 진짜 왜들 그러냐? 미련하게.
현재에 충실하지 못하고 말이지.

아니, 첫사랑이 제일 아름다우라는 법 있냐?
괜히 추억 어쩌고 하면서 마음 한편에
다른 사람 두는 거, 너무 무책임한 거 아니야?
말 나온 김에 내가 분명히 하는 건데
나한테 그런 거 안 통해. 알지?

알았어 알았어, 지금 나갈게.
두 시간만 기다려.
그럼 한 시간 반.
야, 그래도 그렇지, 어떻게 세수만 하냐?

그래, 가라 가! 첫사랑한테 가!
이거 왜 이래, 누군 첫사랑 없는 줄 알아?

혼자서도 잘 놀기
Story #36

일요일 오후
느긋하게 내 무릎에 드러누워서
아껴 놓은 편지를 꺼내 읽습니다.

누구처럼 하루에 한 통씩 보내는
유난을 떨진 않지만
누구보다 꾸준히 이어지는 그녀의 편지.

오늘 그녀의 편지는
온통 봄과 벚꽃 이야기로 가득합니다.
그녀가 살고 있는 남쪽 나라에는
벌써 꽃이 필 만큼 다 펴 버렸대요.
그리고 요즘은 벚꽃 축제 때문에
슬슬 길이 막히기 시작한다고.

그
남
자

그러면서 내가 있는 강원도 산골짜기에는
눈이나 녹았냐고 놀립니다.

"눈이나 녹았냐?"
그녀의 장난기 어린 목소리를 떠올리며
잠시 눈을 감아 보면
어느새 그녀와 그녀가 좋아하는 벚나무가
내 주위를 둘러싸고 있습니다.

내게도 어린아이처럼
손으로만 그녀를 느낄 수 있던 시절이 있었죠.

하지만 그동안 힘들게 떨어져 지내던 시간이
내게 멀리서도 그녀를 느낄 수 있는 법을
가르쳐 준 것 같습니다.

이제 답장을 준비하다 말고 잠시 눈을 감고
낮잠을 청해 봅니다.
꿈에서 찾아올 그녀를 생각하며.

일요일 오후
음악 소리가 크지 않은 카페 안.

{ 그 여자

친구는 많이 늦을 건가 봐요.
버스가 무슨 사거리에서
꼼짝도 못한 채로 30분이나 서 있다나.
하긴 이렇게 볕이 좋은 날
벚꽃 유명한 이곳에 길이 막히는 건
너무 당연한 일이겠죠.

"괜찮아, 내가 누구냐? '혼자서도 잘해요' 아니니.
그래 맘 편하게 천천히 와. 어어."

전화를 끊고는
늘 가지고 다니는 편지지와 펜을 꺼내선
주절주절 일기 같은 편지를 씁니다.

남자 친구가 군대 간 뒤로 나한테 생긴 습관이에요.
문득 혼자 있다는 생각이 들 때
기다리는 사람이 오지 않을 때
난 이렇게 무언가를 쓰면서
어색한 시간을 보내곤 하죠.
그러다 보면 몇 시간쯤은 지루한지도 몰라요.

남자 친구에게 들려주고 싶은 말은
늘 끝이 없으니까.

'혼자서도 잘해요'
이건, 그런 내게 친구들이 붙여 준 별명이죠.

혼자서도 잘 노는 아이
하지만 2개월 후 둘이 되면 더 행복할 아이
나는야 대한민국 병장 고무신.

어렵게 이어지던 평화를 완전히 깨뜨린 건
결국 나였지만,
정말 우리를 갈라놓은 건
그 사람의 걷잡을 수 없는 감정 변화였다.

내가 아직도 이해할 수 없는 부분.

그 사람은 내게 왜 그랬을까?

Chapter 5
엇갈리는 이유

제 3의 타입
Story #37

지금 내가 전화 안 한 것 때문에
화난 거 맞아요?
에이, 화난 거나 서운한 거나 그게 그거죠.
그러면 일단 변명부터 좀 해야겠네요.

왜 전화를 못했냐 하면
정말 솔직히 말하는 건데요,
음, 마음의 양이나 질의 문제는 아니었어요.

그러니까 왜, 음, 어떤 사람들은
생각나면 바로 실천하잖아요.
누가 생각나면 그 자리에서 바로
전화를 하거나 메시지를 보내고.
그런 사람들은 확실히 주위에 친구들이 많더라고요.
나로선 엄청 부러운 타입이죠.

또 아예 무심한 사람도 있잖아요.
'꼭 전화를 해야 하나?' '무소식이 희소식 아니냐?'
어쨌거나 자기는 속 편한 사람.

그런데 나는 제 3의 타입이에요.
어쩌면 제일 나쁜 건데
생각은 제일 많이 하면서, 연락은 제일 못하는 사람.

전화하려고 시계를 보면, 밥 먹고 있을 시간인 것 같고
또 전화를 하려고 하면, 퇴근 시간이라 버스 안에 있을 것 같고.

그러니까 내 말은 음, 내가 비록 전화는 못했지만
마음속으로는 한 스무 번이나 그쯤
전화를 했었다는 이야기거든요.

이런 변명 진짜 좀 구질구질하죠?
나 소심한 거, 우유부단한 거, 다 들켰죠?

예, 다 들켰고 다 알겠어요.
그쪽이 소심한 거, 우유부단한 거,
그리고
아직은 내가 그쪽을 더 좋아한다는 것까지.

아니란 말은 하지도 마요.
사실이니까.

왜 그렇게 자신 있냐구요?
실은 나도 똑같거든요. 제 3의 타입.
나도 그래요.
백 번 생각하면 겨우 한 번 연락해요.

토요일이면 다른 친구들과 같이 있을까 봐 못하고
일요일이면 낮잠 자고 있을까 봐 못하고
월요일이면 바쁠까 봐 못하고..

나도 그렇거든요.
하지만 난 이렇게 전화했잖아요.

소심함도 이기고
거기다 '혹시 안 반가워하면 어떡하지'
그런 걱정도 다 이기고
이렇게 전화했잖아요.

그런데 내가 낼 수 있는 용기는 여기까지거든요?
또 할 수 있을지는 모르겠어요.

그래서 말하는 건데요,
내일 또 만나자는 말이랑
이제 자주 만나자는 말 같은 건
그쪽이 먼저 해 주면 안 될까요?

군대가 가르쳐 준 열 가지

군대 오고 난 후에 알게 된 열 가지

하나, 눈은 나쁘다.
함박눈일수록 나쁘다.
그녀와 팔짱 끼고 눈 맞을 땐 천사의 설탕 가루였지만
허리 휘게 삽질하는 지금 눈은 악마의 비듬이다.

둘, 컴퓨터는 없어져도 된다.
하지만 우체국은 없어지면 세상이 끝난다.

셋, 전화국도 없어지면 안 된다.
특히 컬렉트콜 제도는 정말 위대하다.

넷, 그녀의 글씨가 생각보다 참 엉망이다.
밖에선 이메일이나 문자 메시지만 주고받았으므로
이 정도인 줄은 몰랐다.

다섯, 편지에서도 열이 난다.
그녀의 편지를 품고 자면 핫팩을 품은 것만 같다.

여섯, 나도 편지란 걸 쓸 줄 안다.
초등학교 때 위문편지 이후 십여 년 간 한 통도 쓰지 않던 편지
하지만 지금은 일주일에 한 번씩 편지를 쓴다.

일곱, 그리움과 간절함은 비슷하고도 다른 감정이다.
부모님은 그립다. 여자 친구는 간절하다.

여덟, 나한테도 눈물이 있다.
훈련소 둘째 날 밤, 부모님과 여자 친구 생각에 찔끔찔끔 울었다.
미치게 보고 싶어서.

아홉, 보고 싶어 미치겠다는 말은 절대 과장이 아니다.

열, 나 진짜 그녀 없인 살 수 없다.

그를 군대에 보내고 난 후 알게 된 열 가지

하나, 군인은 아저씨가 아니었다.
군인은 우리 귀여운 아가였다.

둘, 우리 동네 집배원 아저씨는 참 훌륭하신 분이다.

**셋, 그분이 우체통을 비워 가는 시간은
오전 10시, 오후 4시, 오후 6시 반.**
아, 진작 이걸 알았더라면 학창 시절
성적표 때문에 쫓겨나는 일은 없었을 텐데.

넷, 시중에 유통되는 편지지의 포장은 매우 비효율적이다.
편지지 여섯 장에 편지 봉투 석 장
할 말 많은 고무신에겐 늘 봉투가 남아돈다.

다섯, 군복 입은 남자는 어지간하면 다 멋있다.

여섯, 장거리 연애 커플들의 투정은 단언컨대 모두 엄살이다.
힘들 때 전화를 걸 수 있는 것 자체만도 얼마나 행복한 건데.

일곱, 나 그동안 친구들에게 너무 소홀했다.

여덟, 이젠 눈이 싫다.
눈은 무조건 나쁜 거다.

아홉, 그도 보고 싶다는 말을 할 줄 아는 사람이었다.
난 한때 무뚝뚝한 그 남자가 깡통로봇인 줄 알았다.

열, 기다림은 참 어렵다.
하지만 견뎌 낼 수밖에 없다.
그 사람 없인 살 수가 없으니까.

대답할 수 없는 말
Story #39

술을 좀 마셨어요.

물론 내가 이런다고
달라지는 건 아무것도 없어요.
내일 깨어나면 또 똑같은 아침이겠죠.

나는 그 사람을 사랑하고
그 사람은 나를 좋아하지 않는
똑같은 하루.

길거리 풍경이 온통 흔들리네요.
이러면 빨리 집에 가야 하는데
이러다 누구에게 실수라도 하면 안 되는데.

하지만 이대로 집에 가기는 너무 막막해
또 친구에게 전화를 걸었습니다.

저장된 번호는 수백 개지만
이럴 때 불러낼 수 있는 사람은 이 친구 정도네요.

언젠가 이 친구가 나한테 그런 말을 했었죠.
"간절히 바라는 건 반드시
　　이. 루. 어. 진. 다."

그 말, 참 믿고 싶었는데
아닌가 보더라구요.
그 말이 맞으면
그 사람은 벌써 날 사랑했어야 하거든요.

취한 김에 친구에게 좀 따져야겠습니다.
왜 그런 거짓말을 했냐고.

간절히 원하면 이루어진다는 말
그게 거짓말이라는 건
내가 훨씬 먼저 알았습니다.

마음이 아픈 게 어떤 건지
내일이 오는 게 하나도 반갑지 않다는 게 어떤 건지
다 알고 있죠.

그런 걸 알게 해 준 사람이
바로 그녀였으니까요.
정말 모르고 있는 건
내가 아니라 그녀겠죠.

다른 사람 때문에 취한 모습으로 날 찾을 때
내 기분이 어떤지
이렇게 내게 기대서 울면
그 어깨가 들썩거릴 때마다
내 마음은 백배, 천배 더 심하게 들썩인다는 것

그녀는 아무것도 모를 겁니다.

이렇게 좋아하는데
이렇게 애쓰는데
왜 나는 안 되냐는 말.

그것도 대답해 줄 수가 없습니다.
오래전부터 내가 묻고 싶었던 말이니까요.

하지만 오늘도
이런 말들을 꺼낼 순 없을 겁니다.
그냥 어깨를 두드리며
울지 말라고, 그만 울라고, 이제 그만 집에 가자고..
그렇게만 말해야겠죠.

절대로 해서는 안 되는 말
Story #40

실수였다고 했잖아.
미안하다고 하잖아.
그런데도 그렇게 화가 안 풀리니?

화가 나서 나도 모르게 뱉은 말이었어.

너 번번이 날 너무 힘들게 하잖아.
아무것도 아닌 걸로 날 의심하고
주위 사람들에게 그 의심을 들키고.

너무 화가 나서
이럴 거면 차라리
예전으로 돌아가는 게 나을 것 같다고
순간적으로 생각했던 거야.
그땐 적어도 우리가 서로 미워할 일은 없었으니까.

그 사람은 너 같지 않았다는 말
그건 그런 생각에서 갑자기 튀어나온 말이었어.
진심은 아니었어.
그 사람과 널 비교한 것도 아니고
지금 선택을 후회한다는 것도 아니야.

너무 화가 나서 그랬어.

미안해. 미안하다고 하잖아.

난 지금 네가 무서워.
그 말이 그렇게 대단한 거였니?
이렇게 사과해도 소용없을 만큼
그렇게 내가 잘못한 거니?

나는 세상에
절대 해선 안 되는 말이 있다고 생각해.

내가 말했지?
우리 어머니, 내가 열 살 때 아버지와 재혼하신 분이라고.
지금의 날 보면 알겠지만
난 어릴 때 어머니 속을 많이 썩였어.
삐딱하게 굴면서 많이 대들었지.

어머닌 가끔 매를 들었는데
어느 날 난 잘못을 해도 야단맞지 않는 방법을 알아냈어.
그건 이렇게 말하는 거였지.
"진짜 우리 엄마도 아니잖아요."
내가 그렇게 말했더니 어머니는 나한테 꼼짝을 못했어.
눈동자가 빨개진 채로 그냥 방에 들어가셨으니까.

그런데 참 이상하지?
매를 피할 수 있는 방법을 알았는데도
난 두 번 다시 그 말을 하지 못했어.
그때 힘없이 매를 내려놓던 어머니 표정을 잊을 수가 없었거든.
그건 어린 눈에도 화난 표정과는 다른 거였어.
절망 같은 거였지.

난 오늘 네가 나한테
그 사람은 나처럼 널 힘들게 하지 않았다고 말했을 때
문득 그때의 어머니를 생각했어.

누군가의 자리를 빼앗은 대가가
누군가의 자리를 대신한다는 게
바로 이런 거구나.

나는 세상에
절대로 해서는 안 되는 말이 있다고 생각해.
나는 오늘 네가 그런 말을 했다고 생각해.

나에 대해 얼마나 알고 있는지
Story #41

그녀에게서 메일이 한 통 왔어요.
그런데 메일 제목이 '시험 문제'네요.
학교 졸업한 지가 언젠데 이건 또 뭔가
그러면서 열어 봤더니
왜 신문에 나는 퍼즐 있잖아요. 가로세로 낱말을 맞추는 거.

내일까지 다 풀어 오라는데
아, 이런 거야 내가 전문이죠.
신문에서 매일 제일 먼저 보는 게 이건데!

{ 그 남 자 }

자, 가로 1번.
힌트는 '내가 널 처음 본 장소'
이거는... 어... 길바닥이죠.
소개팅 날 둘 다 늦어서 막 뛰어가다가 카페 앞에서 만났거든요.
어 근데 다섯 글자네? 뭐지? 기일바아닥?

잠깐, 그럼 세로 1번부터.
힌트 '내가 제일 좋아하는 영화'
어... 뭐지? 시네마천국 그런 건가?
아니네, 네 글자네? 뭐지? 다이하드? 그건 내가 좋아하는 거고..

안 되겠다, 가로 2번부터.
'내가 제일 좋아하는 미드 캐릭터'
이거 들은 것 같은데. 누구더라? 아, 나는 미드를 안 보니까..

가로 3번, '내 어렸을 때 꿈'
가로 4번, '내가 숨기고 싶은 별명'
가로 5번, '네가 나한테 불러 주면 좋겠다고 말했던 노래'..

이거 생각보다 어려운데요?
오래 만났는데 아직도 모르는 게 이렇게 많네요.
다 아는 줄 알았는데..

어제도 남자 친구를 만났거든요.
그때 우리 바로 옆 테이블에도 커플이 앉아 있었는데
한눈에 보기에도 막 시작하는 연인인 것 같았어요.

테이블 앞에 바싹 다가앉아서
뭐라고 계속 묻고 대답하고 웃고..

"어우, 엄청 닭살이네.
뭔 할 말이 저렇게나 많을까?"
나도 모르게 혼잣말을 하며 쳐다보다가 문득
'근데 우리는 왜 이렇게 할 말이 없지?'
그런 생각이 들었어요.

요즘 우린 만나도 늘 그런 식이거든요.
"뭐 먹을까?"
"무슨 영화 볼래?"
"참 내 친구 누구 결혼한대."
무심한 대화들 혹은
서로에 대한 이야기 대신 다른 사람들 이야기.

우리 이러다가 정말
오래된 연인이 되어 버리는 건 아닐까,
서로 의무감으로 전화를 하고
관심도 없는 질문을 주고받고..

그렇다고 얼굴을 마주하고 앉아서
"자, 지금부터 우리 서로에 대해 이야기하자."
그러는 건 너무 어색하잖아요.

그래서 밤새 이 문제를 만들었거든요.
지금쯤 몇 문제나 풀었을까요?

많이 맞히진 못했어도
오랜만에 내 생각은 많이 했겠죠?

마지막일 것 같은
Story #42

"우리 뭐 할까?
너 어디 가고 싶은 데 없어?
춘천 갈까? 아니면.."

한참을 망설이다 우리가 온 곳은 인사동.

> 그 남 자

여자 친구의 출국이 사흘 앞으로 다가왔거든요.
유학을 가게 됐어요.
확실하진 않지만
적어도 4년, 어쩌면 더 걸리겠죠.

인사동 작은 화랑에 들렀습니다.
우리의 발걸음이 멎은 곳은 평범한 그림 앞
나란히 서서 눈 내리는 풍경을 보고 있는
노부부의 뒷모습.

그림 속 할아버지의 뒷모습은
할머니의 뒷모습에게 그렇게 말하는 것 같았죠.

"이렇게 아름다운 풍경을 보는 것도
몇 해 남지 않았네.
이 겨울 우리 모쪼록 건강하게 납시다.
그래서 내년 봄에 꽃이 피는 것도
우리 꼭 함께 봅시다."

그녀는 4년 후, 어쩌면 5년 후..
다시 내게 돌아오겠죠?
그리고 우린 다시 함께
인사동을 걷게 되겠죠?

꼭 그럴 수 있을 거라고 믿는데
그런데도 어쩐지
어쩐지 자꾸만
이게 마지막일 것 같은..

"몇 년이 걸릴지 몰라.
빠르면 4년, 어쩌면 5년이나 6년
어쩌면 거기서 취직을 할지도 몰라."

{그 여자

내가 처음으로 유학 이야기를 꺼냈을 때
당신은 말도 안 되는 소리라고 화를 내는 대신
잠시 침묵하더니 내게 물었어요.
헤어지자는 말이냐고.
그건 아니라고 했더니 당신은 그랬죠.
그러면 됐다고,
5년이든 10년이든 그게 무슨 상관이냐고.

그 말이 고마워 눈물이 쏟아졌지만
이미 우린 둘 다 알고 있었죠.

결혼 적령기에 있는 두 사람이
몇 년씩이나 떨어져 지내야 한다는 건
이별과 다름이 아니라는 사실.

지금 당신도 듣고 있을까요?
그림 속 할머니가 할아버지에게 건네는 말들
어쩌면 내가 하고 싶은 말들

"우리가 함께할 날이 얼마 남지 않았군요.
그동안 당신 덕분에 행복했지요.
행여 이게 우리가 함께하는 마지막 겨울이라도
당신은 웃으며 사세요. 좋은 사람도 다시 만나고.
그리고 이다음에, 시간이 많이 흐른 후에
우리 다른 세상에서 다시 만납시다.."

많이 외롭고 보고 싶겠죠.
하지만 난 잘 해낼 거예요.
기꺼이 나를 보내 준
당신의 용기와 사랑을 기억하며..

메일을 열어 보지 못한 이유
Story #43

우린 거의 매일 싸우곤 했어요.
특별한 이유도 없이
말 한마디에 화내고 짜증 부리고..

결국 잠시 서로 연락을 하지 않기로 했었죠.
한 달을 떨어져 지내 본 후
서로 메일을 보내 마음을 확인하자고.

뭐가 문제였는지 많이 생각했습니다.

난 그냥 자주 확인하고 싶었어요.
그 사람이 처음처럼 나를 사랑하고 있는지
그런데 그 사람은
그걸 내가 자기를 믿지 못하는 거라고 생각했던 것 같아요.

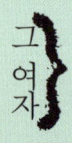

내가 확인하려 하면 그는 늘 짜증스러워하고
그런 반응에 나는 또 화를 내고.

많은 생각 끝에
약속한 한 달째가 되는 어제
나는 메일을 보냈습니다.

우리 조금 엇갈렸을 뿐인 것 같다고
그러니 다시 시작해 보자고
그리고 조금 더 노력해 보자고
난 아직 많이 좋아한다고.

그런데 하루가 지나도록
메일을 확인하지 않고 있네요.

그럴 정도로 무심한 걸까요?
아무 마음도 남아 있지 않을까요?
그 사람은 이미 헤어졌다고 생각하는 걸까요?

내가 학교도 다니기 전 아주 어렸을 때였는데
하루는 아버지가 많이 취해서 들어오셨어.
갑자기 나한테 봉투를 하나 주시면서
열어 보라고 하며 그러셨지.
"거기 돈이 많이 들어 있냐?"

그때 나한텐 천 원도 큰돈이었으니까
나는 고개를 끄덕끄덕했겠지.
그때 아버지한테 나던 술 냄새
반으로 접혀 있던 돈 봉투
그리고 그 어린 나를 앉혀 놓고 참 길게도 말씀하시던
아버지의 취한 목소리가 아직도 생각나.

빌린 돈을 갚고 외상값도 갚고
그랬더니 너무 얄팍해져 버린 봉투.
그걸 어머니에게 내미는 게 미안해
술을 한잔 마셨다고.

아버지는 그날 집에 들어올 때까지
월급봉투를 제대로 열어 보지 못하셨대.
얼마나 남아 있는지 확인하기가 무서워서.

그날 어린 눈에도 아버지가 참 불쌍해 보였어.
참 약해 보였지.

몇 시간째 모니터 앞에 앉아 있다.
마우스를 잡은 손이 축축해지도록
메일을 열어 보지 못하고 있는 내가
오늘 참 약해 보인다.

천 원짜리 겨우 몇 장 남아 있던
아버지의 빈 월급봉투처럼
내가 너한테 남아 있지 않으면 어떻게 하지?
나는 지금 너무 두려워.

잠깐 동안의 빈자리가 가르쳐 준 사실
Story #44

여행에서 돌아온 후로 그녀를 처음 만났어요.
날 보더니 많이 탔다고
좋아 보인다고 하더라고요.

나는 그녀가 부담스러워할 수 있는 말
이를테면 많이 보고 싶었다는 말이나
혹시 내 생각은 했냐는 말
그런 것 대신
그곳에서 주워 온 돌 하나를 내밀었습니다.

"이거 선물! 꼭 돌 같지?
사실은 돌이야. 근데 이게 그냥 돌 같아 보여도
거기 바닷가에서 제일 예쁘고 단단한 거다. 변하지도 않고."

사실 여행 내내, 정확히 말하면 깨어 있는 내내
뭘 사다 줄까 그 생각만 했어요.

엽서, 열쇠고리, 티셔츠, 인형, 와인, 화장품..
그런데 쏙 마음에 드는 게 없더라고요.
가뜩이나 나를 부담스러워할지 모르는데
너무 비싼 것을 사는 건 아닌 것 같고
금방 목이 늘어날 기념 티셔츠는 사 주기도 싫고..

돌아오는 날까지 고민을 하며 바닷가를 서성거리는데
문득 이 돌이 눈에 들어왔어요.
동글동글한 게 그녀를 닮은 것 같기도 하고
또 돌은 닳지도 않고 늘어나지도 않을 테니까.

어쩌면 이 돌멩이로나마
내 마음은 변하지 않고 꾸준할 거라는 거
그런 걸 말하고 싶었던 건지도 모르겠어요.

여행 선물로 돌멩이 하나
그녀가 그 의미를 알아줄까요?

{ 그 여자

나 때문에 힘들어했거든요.
한참 잘해 주다가
갑자기 쌀쌀맞게 대하고..

내 마음이 못되게도 그랬어요.
좋아지다가 확 싫어지고
밤엔 보고 싶다가 막상 만나려면 귀찮아지고..

그런 내게 그 친구가 지쳐 가고 있다는 걸 느낄 무렵
갑자기 여행을 간다고 하더라구요.
그리곤 정말 떠나 버렸죠.

매일 만나던 것도 아니었는데
없는 동안 너무 허전했어요.
잠이 오지 않을 정도였죠.

'나에 대한 마음을 정리하러 떠난 걸까?
그래, 나 같았어도 나를 계속 좋아해 주진 못했을 거야.'
그런 불안한 마음과 자책.

그렇게 내내 느끼며 살았어요.
그 친구의 빈자리를.

오늘 돌아왔거든요.
저한테 이 돌맹이를 하나 주더라구요.
가장 예쁘고 단단한 것, 변하지 않는 것
그냥 돌 같아 보이지만
그 의미는 다이아몬드 못지않은 것.

이거, 아직도 날 좋아하고 있다는 의미로
그렇게 해석해도 되는 거겠죠? 그런 거 맞겠죠?

너무 보고 싶었어요.

당신이 전화하세요
Story #45

전화해요.
아무 때나 괜찮은 거 알죠?
술 마시고 싶을 때, 영화 혼자 보기 싫을 때
다 좋고요,
그럴 때 아니라도 괜찮아요.

만약 계속 그 사람이 좋으면
그래서 그 사람한테 질투 작전 같은 거 써야 하면
그럴 때도 날 불러요.
내가 가짜 애인 역할 해 줄게요.

그리고 혹시 그 사람 선물 고를 때
남자 옷 혼자 사기 그러면
나 데리고 가요.
내가 대신 입어 봐 줄게요.

밤에 그 사람이 안 바래다주면
혼자 택시 타거나 그러지 말고
나 불러요.
내가 운전기사 해 줄게요.

우리 그렇게라도 자주 만나요.
자주 만나다 보면 내가 편해질 거예요.

지금처럼 부담스럽거나 미안하거나
그렇지만은 않을 거예요.

그럼 그때 날 자세히 봐 줘요.

나 생각보다 괜찮은 사람인데
그땐 내가 좋아질지도 모르잖아요.

당신이 그렇게 말해 줄 때마다
그런 눈으로 나를 볼 때마다
나는 많이 고마웠고 미안했고
그리고 궁금했어요.

당신은 참 좋은 사람 같은데
왜 하필 날 좋아하는지.
혹시 그 사람에게 거절당하는 모습이 불쌍해서
그래서 날 챙겨 주고 싶었던 것은 아닌지.

이렇게 말해서 미안해요.
누굴 좋아하는 마음은 그런 게 아닌데
아직 사랑받는 게 익숙하지 않아서
자꾸 못난 소리를 하게 되네요.

좋은 소식이 있어요.

그 사람 좋아하는 일
이제 그만두기로 했거든요.

힘들어서요.
내가 싫다는 사람 하루 종일 쳐다보는 게
너무 힘들어서요.

고마웠어요. 고마워요.
돌아서도 갈 곳이 있는 것 같아서
조금은 쉽게 결심할 수 있었던 것 같아요.

그러니 이제 내가 전화하지 않아도
당신이 전화하세요.
이런 나도 괜찮다면
아직 온전하지 못한
이런 내 마음도 괜찮다면.
기다릴게요.

Chapter 6
사랑법

바람이 그러는데,
그리움과 사랑은 딱 한 걸음 차이래.
지금 걸어가지 않으면
영원히 그리움으로 남을 거래.

안 기다린 척하기

또 힘든 일주일이 지났습니다.
일요일 아침이면
관물함에 쌓인 수북한 빨래를 잠시 뒤로하고
일단 공중전화를 향해 뛰어갑니다.

벌써 전화기 앞엔 줄이 깁니다.
서둘러 나오느라 슬리퍼를 신고 뛰쳐나왔더니
발이 엄청 시립니다.
5분, 10분, 기다리다 보면 발가락이 꽁꽁 얼어 버리죠.

기다리고 기다려 드디어 내 차례!
뚜르르~ 뚜르르~

그녀도 내 전화를 기다렸는지
신호 두 번 만에 와락 전화를 받습니다.
그녀가 내게 꼭 물어보는 것
밥은 먹었는지 그리고 아픈 곳은 없는지.

나는 무조건 괜찮죠. 안 괜찮아도 괜찮죠.
그런데 정작 그녀가 감기에 걸렸는지
코맹맹이 목소리입니다.

줄 서서 기다릴 땐 하고 싶은 말이 참 많았는데
정작 목소리만 들으면 머릿속이 하얗게 변해 버립니다.

아마 또 전화를 끊고 나면 하고 싶은 말이 다 생각나겠죠.
에잇, 정말 바보 같습니다.

그녀는 이제 목욕탕에 갈 거랍니다.
그런데 정말 전화를 끊고 나니까 생각이 나네요.
감기 기운 있는 것 같으니
머리 잘 말리라는 말, 해 줬어야 하는데..

남자 친구가 군대 간 이후로
일요일이면 난
화장실에 갈 때도, 밥을 먹을 때도
전화기를 손에서 놓지 않아요.
아직 이등병이라서
일요일에만 전화를 할 수가 있거든요.

예전엔 일요일 아침은
눈을 뜨자마자 목욕을 가곤 했지만
요즘은 통화하기 전까진
목욕도 갈 수 없죠.

오늘은 일찌감치 전화가 왔네요.
이번에도 줄 서느라 많이 떨었냐고 물었더니
오늘은 별로 안 기다렸대요.
아침 먹자마자 달려 나왔더니
기다리는 사람이 없어서 바로 전화했다구.

벌써 몇 달이 지났는데
난 왜 아직도 목소리만 들으면
이렇게 눈물이 나고 코가 막히는지..

울지 않으려고 애쓰느라
하고 싶었던 말은 다 잊어버리고
또 매번 똑같은 것만 물어봅니다.
밥은 먹었어? 아픈 데는 없어?

군대에서 밥을 안 주겠냐는 씩씩한 대답에
나도 힘을 내 웃으며 끝인사를 합니다.
"까까머리 이등병 아저씨
그럼 다음 주까지 안녕!"

훌쩍, 이제 목욕 가야지..

{ 그 여자

착한 악처
Story #47

지금 나한테 있는 전 재산 만 오천 원.
문제는 이걸로 내일모레까지 버텨야 한다는 거죠.
아, 점심값만 해도 얼만데..

어제 친구들을 만나는 자리에
여자 친구를 데리고 나갔거든요.
오랜만에 친구들을 만나서 기분도 좋고
약간 술에 취하기도 했고
그래서 제가 술값을 계산했습니다. 시원하게!
거기까진 분위기 좋았죠.

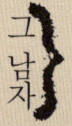

그런데
택시에 타자마자 갑자기 그녀가 표정을 싹 바꾸더니
다짜고짜 지갑을 내놓으라는 겁니다.
카드란 카드는 다 압수,
거기다가 월급 들어오는 통장까지 가져오라네요.

칼만 안 들었지 그 정도면 강도 아닙니까?
안 되겠다 싶어서 좀 무섭게 말했죠.
"야, 자고로 남자는 주머니가 비면 어깨 힘도 빠지는 법이야!"
그랬더니 그녀가 눈도 깜빡 안 하고 하는 말
"오빠, 나이 들어서 고생하고 싶어?"

괜히 쓸데없이 화난 척했다가 본전도 못 건지고..

벌써부터 이러는데
나중에 결혼하면 어떻게 될지 진짜 걱정이네요.
근데.. 참..

그래도 결혼은 하고 싶으니
내가 어쩌다 이렇게 됐는지 모르겠습니다.

{ 그 여자

세상에
그 술값이 얼만데
그걸 왜 자기가 다 계산하냐구요.
자기가 무슨 재벌 2세도 아니고
그 힘들게 번 돈을..

영수증 보다가 정말 기절할 뻔했다니까요.

이것 좀 보세요.
지갑은 이렇게 낡은 걸 가지고 다니면서.

진짜 속상해..

어제 낸 그 술값이면
아마 이런 지갑 다섯 개는 샀을 거라구요.

친구 좋아하고
큰소리치기 좋아하고
남들한테 주는 거 좋아하는 사람.

이런 남자를 사랑하게 된 이상 어쩔 수 없어요.
내가 악처가 되는 수밖에!

아까 기죽은 표정이 좀 불쌍하긴 했지만
그래도 마음이 흔들리면 안 되죠.
이다음에 결혼해서도 지금처럼 살면
그땐 정말 큰일이잖아요.

내가 너무 심한 건 아니겠죠?

모르죠, 뭐.
내일 봐서 반성하는 기색이 있으면
한 만 원쯤 더 줄지.

애인 생기면 뭐 해 보고 싶었어?
Story #48

난 그런 거 해 보고 싶었어.

잔디밭에 앉아서 같이 커피 마시는 거.
그게 아무것도 아닌 것 같지만
남자들끼리 그러면 되게 이상하거든.

또 나란히 앉아서
이어폰 한쪽씩 나눠 끼고 좋아하는 음악 듣는 거.
같이 들을 노래도 생각해 놨지.

그리고 내 친구 중에
지 여자 친구 자랑하던 애가 있거든?
여자 친구도 별로 예쁘지도 않아. 너보다 훨씬 못생겼어.
암튼 그 친구랑은 꼭
우연히 길에서 마주쳐야 돼.

그래서 걔가 "누구야?" 물어보면
완전 대수롭지 않은 척하면서
"어? 어, 내 여자 친구." 그렇게 말하는 거지.

걔는 좀 능글능글한 놈이라서
분명히 "와, 미인이시네요." 뭐 그런 말을 할 거야.
그러면 나는 "야, 그만 봐! 얼굴 닳아!" 그렇게 말하려고.

그리곤 뭐.. 뭐.. 굳이 생각하자면 여행 가고 그런 거?
왜 놀 예쁜 그런 데 있잖아. 뭐 섬이나 그런 데.
ㅎ ㅎㅎ ㅎㅎㅎ

응? 나 안 웃었는데?
아냐, 네가 잘못 들은 거야. 아니라니까.
넌? 넌 애인 생기면 뭐 해 보고 싶었어?
우리 적어 뒀다가 다 해 보자!

그 남자

{ 그 여 자

나는 자장면이랑 짬뽕이랑
하나씩 시켜서 나눠 먹는 거.

연인석에 앉아서 영화도 보고 싶어.
그러다가 팝콘 봉지 안에서 손이 부딪히면
움찔 놀라는 척해 보는 거 있잖아.

또 집 앞 골목길에서 손잡고 있다가
우리 아빠한테 들키는 거!
응? 이건 재미없어?
그래! 그럼 그건 빼고.

음, 그리고 이건 너무 뻔한 거지만 커플링!
커플링을 하고는 아무한테도 말을 안 하는 거야.
그러다가 누가 "어? 너 이 반지 뭐야?" 그렇게 물어보면
그때 진짜 아무렇지도 않게 하지만 약간 거만하게 대답하는 거지.
"어, 남자 친구가 하도 졸라서 그냥 끼고 다니려구."

그리고 또 2인용 자전거도 타 보고 싶어.
그거 예전에 내 남동생이랑 한 번 타 봤는데
둘이 엄청 싸웠거든.
왜겠어, 동생은 나 무겁다고 짜증 내고
나는 운전 똑바로 하라고 신경질 내고.

넌 나 무겁다고 구박 안 할 거지?

근데 사실 나는
아무것도 안 해도 좋긴 해.
이렇게 늦게까지 전화로 수다 떠는 것도
카페에서 너 오기를 기다리는 것도 좋고

이 세상에 나를 많이 좋아해 주는
남자 친구가 있다는 생각을 하는 것만으로도
난 참 좋아.

김밥 다섯 개와 양푼비빔밥
Story #49

그녀와 함께 저녁을 먹는
행복하고도 조심스러운 시간입니다.

제일 중요한 건
성격 좋은 남자처럼
씩씩하게 푹푹 밥을 떠먹는 거죠.
아무리 배가 불러도 절대로 남겨서는 안 됩니다.
하지만 그러다 자칫 게걸스럽게 보이면 큰일이니까
적당히 페이스도 조절해야겠죠.

너무 긴장을 한 탓에
김밥을 먹는데 땀이 다 나네요.
휴지로 땀을 닦으며 옆 테이블을 슬쩍 보는데
거기엔 세숫대야처럼 생긴 양푼비빔밥을 시켜서
둘이서 신나게 먹고 있는 저 커플!

그 남자

너 한 숟가락 나 한 숟가락
서로 떠먹여 주기도 하고
서로 입가에 묻은 걸 닦아 주기도 하고..

진짜 부럽습니다.
우리도 언젠간 저렇게 될 수 있을까요?

오물오물
예쁘게도 김밥을 먹고 있는
그녀의 모습을 훔쳐봅니다.

이런 그녀에게 양푼비빔밥이라
진짜 안 어울리네요.
우린 아무래도 저렇게는 못하겠죠?

오늘도 저녁은 김밥 다섯 개.
평소 같으면 이걸로는 어림도 없지만
오늘은 그만 먹을래요.

그 사람 앞이라고 일부러
조금 먹는 척, 양 적은 척, 그런 건 아니에요.

아니..
사실은 그런 거 맞아요.

나도 예전엔
그렇게 내숭 떠는 거 바보 같다고 생각했죠.
하지만 그렇다고 평소처럼
두 개씩 세 개씩 아구아구 먹을 순 없잖아요.
안 그래도 안 예쁜 내 얼굴이
울룩불룩 더 못생겨 보일 텐데..

지금 이 순간에도 난
마지막에 남는 김밥이 제발 짝수이길 바라고 있어요.

두 개가 남으면 나눠 먹으면 되지만
하나가 남으면 또 서로 먹으라고 실랑이를 할 텐데
그런 순간이 정말 어색하거든요.

옆 테이블의 두 사람
정말 열심히 먹고 먹고 또 먹는
저 사람들이 부러워요.

우리도 나중엔 저렇게 되겠죠?
하나 남은 김밥을 서로 먹겠다고
젓가락을 챙챙 부딪치며 싸우게 될
그런 날이 오겠죠?

빨리 오면 좋겠어요.

표현하지 않으면 말하지 않으면
Story #50

소파에 몸을 깊이 묻은 그녀의 얼굴이
많이 피곤해 보입니다.
그러곤 작은 한숨 끝에 하는 말
사랑이 하고 싶다구요.

조심스럽게 물어봅니다.
"사랑? 사랑하면 뭐할 건데?"

대답을 기다리며 난 마음속 생각을 꿀꺽 삼키죠.
'하고 싶은 거, 그거 내가 해 줄게.'

하지만 그녀는 무심하게 대답합니다.
그 사람이랑은
그냥 같이 차 마시고 같이 걷고
그러기만 해도 좋을 것 같다고.

가슴에 구멍이 뚫린 것만 같습니다.

어느 정도 예상은 하고 있었어요.

늘 통통거리던 그녀가
갑자기 여성스러워지기 시작했을 때
아무래도 좋아하는 사람이 생긴 것 같다고 생각은 했죠.

하지만 막상 확인을 하고 나니
더 많이 허전하네요.

오랫동안 함께 있으면서도
한 번도 보지 못한 그녀의 낯선 표정

그녀를 이렇게 외롭게 만든 남자가 누군지
많이 궁금해집니다.
부러워집니다.

{ 그 여자

왜 한숨을 쉬냐는 질문에
나는
당신을 사랑하고 있다는 말 대신
누군가를 사랑하고 싶다고 대답합니다.

그 사람의 시선은
내 얼굴에 잠시 머물더니
창밖으로 빠져나갑니다.

그 사람이 바라보는 창밖 풍경은
어쩐지 쓸쓸합니다.
흔들거리며 바람결대로 모양이 달라지는 나무들.

다시 그 사람을 바라보면
방금 전 내 말은 벌써 다 잊은 듯
다른 생각에 잠겨 있습니다.

적당히 헝클어진 갈색 머리카락
갈색의 니트와 가을빛 면바지
긴 손가락으로 들고 있는 커피 잔과 모카 향기
그리고 그 사람의 눈동자.

그래요, 저렇게 섬세한 눈을 가진 사람이
내 변화를, 내 감정을 모를 리 없을 텐데
지금처럼 외면하고 있다는 건
모른 척하고 싶다는 뜻이겠죠?
밤잠을 설치며 결심한 내 고백은
오늘도 미뤄야 할 것 같습니다.

이렇게 눈부신 오후에 거절당한다면
그래서 더 이상
마주 앉아 차 한잔도 마실 수 없다면
이 가을이
너무 쓸쓸해질 것 같아서요.

흔한 착각
Story #51

난..
우리가 워낙 오래 사귄 사이고
자주 만났고
그래서 너에 대해
누구보다 많이 알고 있는 줄 알았거든?

네가 어떤 사람인지
네가 뭘 좋아하는지
어떻게 하면 널 웃게 할 수 있는지
난 내가 너를 많이 알고 있다고 생각했어.

그 남자 〉

그런데 아니었더라.
난 너한테
이렇게 독한 구석이 있는 줄은 정말 몰랐다.

집 앞까지 찾아간 나한테
이러는 거 아무 소용없다고
한마디로 잘라 말하던 네 모습
난 정말 낯설었다.

사람들의 따가운 시선도 상관없을 만큼
나한테 이렇게 냉정하게 대할 만큼
내 친굴 그렇게 좋아하게 된 줄은
네가 그럴 수 있는 사람인 줄은
정말 몰랐다.

뭐가 뭔지 잘 모르겠다.
내가 뭘 잘못했는지도 모르겠고
이제 어떻게 해야 하는지도 모르겠어.

아니 다른 것보다 왜 하필
왜 하필 내 친구였는지
난 그게 정말 견딜 수가 없다.
정말 미칠 것 같다.

너..
왜 나한테 그렇게 자신이 있었을까?
단지 우리가 오래 사귄 사이라서?
내가 너를 먼저 좋아했기 때문에?

번번이 나와의 약속은 어기고 바꾸고
한번 연락이 끊어지면
며칠이 지나도록 전화도 받지 않고

네가 그렇게 몇 번씩이나 내 인내심을 시험하는 동안
난 줄곧 그런 생각을 했어.

왜 넌 나를 이렇게 대할까?

한때는 포기를 하기도 했어.
다들 그렇게 지내나 보다.
사랑한다면 참아야 하는 부분인가 보다.

그런데 아니더라.
세상엔 늘 불안해야 지킬 수 있는
그런 사랑만 있는 건 아니더라.

지금 이 사람은 편해.
아직 많이 알지 못하지만 같이 있으면 불안하지 않아.
내 곁에서.. 네 곁에서..
내가 무엇 때문에 힘들어하는지 지켜봤기 때문에
그런 걸로 날 힘들게 하지는 않을 거래.

여기까지 오는 동안
난 너무 많이 힘들었거든.
넌 그것도 몰랐겠지만.
그러니까
미안하다는 말은 하고 싶지 않아.

자격지심 대신 진심
Story #52

친구들에게 여자 친구를 소개했더니
반응이 좀 애매합니다.
그녀를 먼저 집에 보내고 자리로 돌아왔더니
한 명이 조심스럽게 그런 말을 하더라고요.
"참.. 그게.. 참 의외네.."

그 말이 무슨 뜻인지를 알 것 같아서 웃음이 납니다.
아마 내 여자 친구가 너무 안 예뻐서
좀 놀랐다는 말이겠죠.

처음엔 나도 그랬거든요.
'참 괜찮은 사람인데 얼굴이 너무 섭섭하네.'

그런데 딱 세 번만 만나 보자는 그녀의 말대로
사흘을 만나서 데이트하고
헤어지는 마지막 순간 정신을 차려 보니
나는 어느새 그녀에게 아주 푹 빠져 있었어요.

지금 난 그런 남자가 되어 버렸습니다.

찰랑거리는 생머리보다
곱슬곱슬 철사 같은 머리카락이 더 정겹고
살벌하게 휘어지는 보디라인보다는
눈사람처럼 둥글둥글한 몸이 더 섹시하고
컬러 렌즈를 낀 큰 눈보다는
있다가 없어지는 실눈이 훨씬 더 귀엽다는 남자.

실망감을 감추지 못하는 친구들에게
나는 웃으며 그럽니다.

"야야야, 니들이 모르는 뭔가가 있어~!"

{ 그 여자

내겐 백 년처럼 길던
1년 간의 짝사랑이었어요.

그 시간 동안 내 고백을 가로막은 건
다름 아닌 내 자격지심이었죠.

그 사람에게 내가 어울리기나 할까?
내가 보이기나 할까?

다만 내가 믿고 있었던 건
그 사람의 따뜻하고 사려 깊은 눈빛
그리고 내 진심이었습니다.

내 마음의 십분의 일만 전달된다면
난 그 사람도 분명 나를 사랑하게 될 거라고 믿었거든요.

힘들게 만들어 낸 소개팅 자리에서
얼핏 그 사람의 실망을 엿보았을 땐
마음이 많이 쓰렸지만
난 그런 믿음으로 용기를 냈고
세 번만 만나 달라고 했어요.

그 세 번의 만남이 끝나던 날
그가 내게 먼저 손 내밀던 그 순간을
나는 아직도 잊지 못합니다.
내 짝사랑과 자격지심이 끝나는 순간이었고
나의 더 깊은 사랑이 시작되는 순간이었으니까요.

난 또 한 번 믿고 있어요.
아직은 나 미운 얼굴이지만
그 사람과 함께하는 한
점점 더 예뻐질 거라구요.
가장 행복한 표정을 가진
아름다운 사람이 될 거라고 말이에요.

가난하지만
Story #53

"오늘은 좀 늦었어. 덕분에 지하철 안은 조용하네.
어머니는 별말씀 없으시고?
그래, 네가 잘해 드려야지.
자꾸 싸우지 말고.
나 같아도 아무것도 없는 남자한테
딸 주는 거 싫을 거야. 너도 알잖아.
대신 우리가 나중에 잘 살면 되지.
그래, 어, 집에 가서 다시 전화할게, 어어."

씩씩하려 애쓰는 그녀의 목소리를 뒤로하고
전화를 끊습니다.
너무 큰 소리로 통화한 건 아닌지 주위를 둘러보면
내 맞은편에는 50대 중반의 부부가 앉아 있죠.

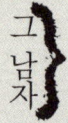
그 남자

자그마한 체구에 서로 닮아 있는 두 사람은
아마 나처럼 종점까지 가나 봅니다.
그런 게 있거든요. 종점까지 가는 사람들 특유의 느긋함.
졸고 있던 아주머니가 눈을 뜨는가 싶더니
왼손으로 오른쪽 손목을 꾹꾹 누릅니다.
아마 손목이 시큰거리나 보죠. 우리 엄마처럼.

그 모습을 무심한 척 바라보던 아저씨가
아주머니에게 뭐라고 말씀하시며 그 손목을 가져와
꾹꾹 주무르기 시작합니다.
아주머니는 몇 번 빼내는 시늉을 하더니
이내 오른손을 아저씨에게 맡겨 둔 채 다시 잠이 들었죠.

많이 고단해 보이는 그 부부를 보며 마음으로 빌었습니다.
가난해도 행복한 사람들이 많은
그런 세상이면 좋겠다고.
가진 건 없지만 행복하게 해 주겠다고
더 자신 있게 말할 수 있는 그런 내가 되었으면 좋겠다고.

퇴근할 때면
어김없이 전화를 거는 사람이에요.

특별히 할 말이 없어도
가끔 내가 전화를 정성껏 받지 않아도
그 사람은 하루에 몇 번씩
꼭 전화를 걸어 나를 웃게 해 주죠.

처음 보는 우리 엄마에게
넉살 좋게 어머님이라 부르며 넙죽 절도 하고
그 절을 받지도 않은 채
할 말이 없다며 방으로 들어가 버린
엄마의 냉정한 뒷모습에도
다음에 다시 찾아뵙겠다며
닫힌 방문을 향해 머리 숙여 인사를 하는 사람.

한 번도 나를 실망시키거나 나를 속이거나
내게 성실하지 않은 적이 없는 사람인데
그런 사람이
왜 나를 행복하게 만들 수 없다는 건지.

나도 어른이고
나도 돈이 없는 삶이 불편하다는 것을 알고
나도 엄마를 사랑하지만
그것만큼은 엄마를 이해할 수 없어요.

그 사람이 아니면
도대체 세상의 어떤 사람이
나를 행복하게 해 줄 수 있다는 건지.

그리움과 사랑은 딱 한 걸음 차이

예, 천팔백사십 원이에요.
이천 원 받았습니다.
여기요, 감사합니다, 안녕히 가세요.
어서 오세, 어머?

어우야, 깜짝 놀랐잖아!

네가 여기 어쩐 일이야?
여기엔 무슨 일로?

근처에 볼일 있었어?
아님 뭐 사러 온 거야?
아니다, 니네 동네에도 편의점은 많을 텐데
여기까지 뭐 사러 온 건 아닐 테고.

그런데 너 머리는 왜 그래?
아니, 꼭 금방 일어난 사람처럼 부스스하잖아.
그리고 그 추리닝은 또 뭐야,
야, 너 자다 깨서 막 나온 거 맞지! 맞지?

근데 정말 웬일이야?
너 설마 나 보러 온 거야?
그렇게 못생기게 하고?
무슨 일 있어?

교대 시간 다 돼 가냐?
뭘 그렇게 놀라고 그래.
놀랄 거 없어. 너 보러 온 거 아니니까.
정말이야. 바람 때문에 왔다니까?
아, 이거 이야기하면 긴데..

아니 아침 공기가 선뜩선뜩하더라고.
그래서 이불을 친친 감고 자고 있는데
누가 자꾸 날 부르는 소리가 들려서
눈은 감은 채로 귀만 열어 봤더니 그건
나뭇잎이 바람한테 등 떠밀려서 창문을 두드리는 소리였어.

그래서 이불을 감은 채로 몸을 일으켜서
검지로 창문을 살짝 밀어 봤거든?
그랬더니 바람이 방으로 훅 들어와서는
이불 밖에 나와 있는 발을 막 춥게 하는 거야.
그래서 발을 이불 속에 넣고 다시 자려고 하는데
이번엔 바람이 막 본격적으로 떠들기 시작하는 거야.
일어나서 자기를 따라오라고.

그러면서 바람이 하는 말이
그리움과 사랑은 딱 한 걸음 차이래.
지금 걸어가지 않으면 영원히 그리움으로만 남을 거래.
그러면서 그 바람이 네 샴푸 냄새를 나한테 막 뿌리더라?
그래서 내가 딱 알았지.
'바람도 부는데, 얘가 또 젖은 머리 산발하고 돌아다녔구나.'

그렇게 바람이 떠미는 대로 막 왔더니
네가 여기 있네.
너, 오늘 아침에 머리 안 말리고 나왔지? 감기 안 걸렸어?
그래? 뭐 아님 됐고.

교대 시간 다 됐으면, 나랑 밥이나 먹을래?
바람도 부는데.

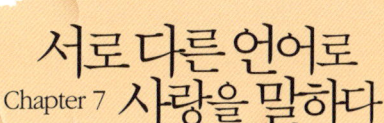

서로 다른 언어로 사랑을 말하다
Chapter 7

네가 나빴다는 건 아니야.
난 다만
사랑이 공기 같았으면 했는데..
그런데 네 사랑은 마스크 같았어.
너무 갑갑했어.

더는..
마스크를 쓴 채로 살고 싶지 않아.

서로 다른 언어로 사랑을 말하다
Story #55

{그 남자}

나는
네가 제일 처음 나한테 준 편지
수백 번 읽어 봤어.
편한 게 좋다고 했던 말.

1년에 한 번을 만나도 편한 사이
일일이 메시지에 답장을 하지 않아도
어제 뭘 했고 오늘은 왜 바쁜지 일일이 설명하지 않아도
서로 오해하지 않는 사이

나는 네가 말한 그런 사이가 되려고
많이 노력했어.

그래서 나는 너한테 화도 한 번 못 냈어.
네가 싫어할까 봐.
보고 싶다는 말도 못했어.
네가 싫증낼까 봐.
자주 전화도 못했어.
네가 지겨워할까 봐.

지난 1년이 너한텐
그저 그런 연애 기간이었는지 모르겠지만
나한텐
네 전화 목소리가 조금만 낮아도
네 눈동자가 조금만 흔들려도
세상이 꺼질 것 같은 시간이었어.

그런데 이제 와서
그 시간들이 너한텐 지겹기만 했다니..

난 지난 1년 동안
도대체 뭘 하고 산 거니?
난 이제 뭘 어떡하면 좋으니?

그랬구나, 너도 그 편지를 다 기억하고 있었구나.
그런데
기억하고 있다면서
넌 왜 그랬니?

기억하고 있었다면
내 눈이 좀 붉어져도
내 목이 좀 잠겨도
아는 척하지 말지 그랬어.

네가 나 때문에 편안하지 못한 동안
나는 자유로웠을까?

 나도 너무 갑갑했어.

우울하고 싶은 날에도
울고 싶은 날에도
넌 내가 웃기만을 바랐잖아.
내가 웃지 않으면
네가 한숨을 쉬었잖아.

전화기 너머에서
내 눈치를 살피는 널 느낄 때면
난 소리라도 지르고 싶은 심정이었어.

네가 나빴다는 건 아니야.
난 다만
사랑이 공기 같았으면 했는데

그런데 네 사랑은 마스크 같았어.
너무 갑갑했어.

더는
마스크를 쓴 채로 살고 싶지 않아.

말하지 말았어야
Story #56

아주 가끔씩 서운해질 때가 있습니다.
그녀가 지금처럼 강아지 흰둥이를
복잡한 표정으로 바라보고 있을 때.

예전 남자 친구가 선물한 거래요.
우리가 친구였을 때
그래서 서로에게 별별 이야기를 다 해도 괜찮았을 때
그녀가 내게 말해 준 거죠.

그 사람이 유학 가면서
허전할 테니까 키우라며 눈도 못 뜬 아기 강아지를 줬는데
그게 이별 선물이 된 셈이라고.

그녀랑 늘 같이 있고
침대에서 같이 잠도 자는 흰둥이에게
그런 역사가 있다는 게 뭐 썩 기분 좋지는 않았지만
그래도 뭐라고 말할 순 없잖아요.
강아지에게 무슨 죄가 있다고.

솔직히 그런 이유 때문에 난 오히려 흰둥이한테 더 잘해 줬어요.
가게에 갈 때마다
개 껌이나 장난감을 사다 준 것도 나였고
조금만 아프다 싶으면
새벽부터 동물 병원에 데리고 간 것도 나였고
흰둥이가 제일 잘 따르는 사람도 바로 난데..

그런데 가끔
여자 친구가 저런 눈으로 흰둥이를 바라볼 때면
그런 생각이 들어요.
'아직도 그녀에겐 예전 그 사람이 남긴 선물인 걸까..'

강아지의 까만 눈동자를 들여다보며
그녀는 무슨 생각을 하고 있는 걸까요?

{그 여자

흰둥이를
예전 남자 친구에게 선물 받았다고 얘기했었거든요.

그게 가끔 후회될 때가 있어요.
말하지 말걸..
말하지 않는 게 더 나았을 텐데..

강아지를 좋아하지도 않는 사람이
흰둥이에게 잘하려고 애쓰는 걸 볼 때마다
난 어쩔 수 없이 미안함을 느끼죠.

지금 흰둥이는 그냥 내가 키우는 강아지일 뿐인데
괜히 지난 일에 마음을 쓰게 한 것 같아서..

어쩌면 나 혼자 생각일지도 몰라요.
그 사람은 벌써 그 이야기를
다 잊어버렸을지도 모르죠.

솔직히..
그랬으면 좋겠어요.

하지만 그럴 리는 없겠죠.
그런 이야기를 어떻게 잊어버리겠어요.

가끔 지금처럼 남자 친구가
흰둥이를, 아니 흰둥이를 안고 있는 나를
물끄러미 보고 있는 게 느껴질 때면
난 소용도 없는 바람을 가지게 됩니다.

처음부터 내가 만난 사람이 이 사람이었다면
그리고 이 사람에게 흰둥이를 선물 받았다면
그랬다면.. 얼마나 좋을까..

Story #57
마음을 흘리고 다니지 마

그렇게 바르르 떨지 마.
난 네가 그럴 때마다
너 금방 숨넘어갈 것 같아서
불안해 죽겠어.

그렇게까지 화낼 일이 아니잖아.
왜 그렇게 예민하게 그래, 응? 그렇게 자신이 없어?
추워하는 후배한테 옷을 벗어 준 게 그렇게 잘못한 거야?
그게 그렇게 지나친 거야?

그럼 너는 내가
옆에서 여자가 벌벌 떠는데 매정하게 옷도 안 벗어 주는
그런 남자였으면 좋겠어? 그건 아니잖아.

그 남자

네가 없는 자리도 아니었고
네가 추워하는데
너 말고 다른 사람한테 옷을 벗어 준 것도 아니었잖아.

그리고 내가 진짜 다른 마음이 있었으면
너 없을 때 그랬겠지
내가 바보도 아니고 너 보는 데서 내가 그랬겠어?

좀 자신을 가져.
내가 좋아하는 사람은 너잖아.
그거 안다면 내가 다른 여자한테 어떻게 대하든
그건 상관없는 거 아니야?

그냥 추워서 옷을 벗어 준 것뿐이야.
그 이상도 그 이하도 아니야.

그러니까 제발 그만해.
일주일 만에 만났는데 꼭 짜증난 얼굴을 보여야겠어?
제발 그러지 마, 응? 응?

{ 그 여자 }

나도 이런 걸로 싸우는 거 싫어
그런데 난 지금
짜증을 내는 게 아니라 화가 난 거야.

넌 내가 네 앞에서
다른 남자 넥타이를 고쳐 매 주면 괜찮을 것 같아?
그러고도 그냥
넥타이가 삐뚤어진 채 다니는 게 딱해서
고쳐 준 것뿐이라고 말하면
넌 화내지 않을 자신 있니?
그런 건
　　말하지 않아도 서로 다 아는 예의 같은 거 아니니?

이런 말 안 하고 싶었지만
그냥 추위하는 사람에게 옷을 벗어 주는 거랑
아직도 널 마음에 두고 있는 후배한테
그것도 내 앞에서 네 옷을 벗어 주는 게
어떻게 똑같니?

몰랐다고 말하지 마.
그리고 넌 정말 아무 뜻도 없었다고 말하지 마.
나도 알고, 너도 알고, 그 여자애도 알잖아.
내 말이 틀렸어?

그리고
내가 추위하지 않았다고?
아니, 나도 추웠어. 내가 옷 입은 거 안 보여?
너무 추웠는데 추운 내색하면
네가 옷을 벗어 주겠다고 할까 봐 안 추운 척한 거야.
넌 그런 것도 몰랐잖아.

자꾸 마음을 다른 데다 흘리지 마.
일주일에 한 번 보는데 이렇게 싸우면서 시간 보내는 거
나 너무 속상해.

아직도니?
Story #58

친구 결혼식에 갔다가
그녀의 친구와 마주쳤습니다.
피로연 장소에서 우연히 같은 테이블에 앉았는데
그 친구가 그녀의 소식을 전해 주더군요.

얼마 전에 사내아이를 낳았다고요.

벌써 1년도 더 지났죠.
그녀의 결혼식에 가서 잘 살라고 말해 주고
갈비탕까지 한 그릇 시원하게 비우고 왔는데

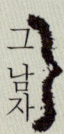

그런데도 아직 뭐가 남아 있었는지
그 소식을 듣는 순간
눈앞이 갈비탕 국물처럼 뿌옇게 흐려집니다.

무슨 말이라도 해야 할 것 같아서
그녀는 건강하냐고 물었더니
아주 건강하답니다.
그녀도 아가도.

그 가느다란 팔목으로, 그 작은 어깨로
이젠 아기 엄마가 되었군요.

내게 괜한 소식을 전한 것 같아 미안했는지
그녀의 친구는 내게 술 한잔을 사겠다고 나섭니다.
그럼 멀리서 우리끼리 축하주나 한잔 하자며
나도 자리를 털고 일어납니다.

친하지도 않은 선배 언니의 결혼식
굳이 피로연까지 참석한 건
그 사람을 만날 수 있을 것 같아서였어요.

그 여자

예상대로 난 그 사람을 만났고
언제나처럼 그 친구의 소식을 전하는 걸로
그 사람에게 말을 건넸죠.
"너 윤희 소식 들었어? 아들 낳았는데.."

그 말 속에
내 간사한 욕심이 고스란히 들어 있습니다.

이젠 설마 다 잊었지?
그러니 이제 나를 돌아봐 줘.

하지만 그 사람은 또 한 번 그리고 여전히
내게 흐려진 눈을 들키고 맙니다.

아직도니?

너희 둘이 헤어지던 날
다 무너진 널 택시에 태워 바래다준 것도 나였고
윤희가 결혼하던 날
예식장 밖을 서성이던 널 찾아서
함께 술을 마신 것도 나였는데.

그렇게 1년이었는데
너한테 아직도 내가 들어갈 곳이 없구나.
그럼 오늘도 난
그냥 함께 술을 마시는 사람인 거니?

넌 아직도니?

나만의 그대, 그대만의 나
Story #59

'나만의 그대', '나만의 사랑'
왜 그런 표현들이 자주 노래에 등장하는지
이해가 될 것도 같습니다.

어제 점심시간이었어요.
그녀가 불쑥 나한테 커피를 내밀었을 때
얼마나 가슴이 떨렸는지 모릅니다.
감격해서 고맙다는 말도 못했죠.

그런데 나중에 보니까
나한테만 그런 게 아니더라고요.
커피를 대여섯 잔 빼 와서
여기저기 돌리는 걸 봤거든요.

맞아, 원래 주위 사람들
잘 챙기기로 유명한 사람이었지..

그녀가 지금 막 출근하네요.
가슴엔 소국을 한 다발이나 안고 있습니다.

아마 곧 사무실 모든 책상 위에
저 소국이 놓이겠죠.
나도 그중에 몇 송이를 받게 될 거고
난 또 그걸로 행복해하겠지만
이젠 바보같이
너무 감격하거나 착각하거나 그러진 않으려고요.

참 좋은 사람이지만
모두에게 좋은 사람은
나한텐, 나쁜 사람이니까요.

그 남자

{ 그 여자 }

그냥 좋아하는 사람한테
좋아하는 마음을 표시하고 싶은 것뿐인데
그게 이렇게 힘드네요.

얼마 전엔 그 사람한테
커피 한 잔 뽑아 주고 싶어서
온 사무실에 커피를 다 돌리기도 했구요.
오늘은 그 사람에게
가을 향기를 선물하고 싶어서
온 책상에 다 꽂을 수 있을 만큼
소국을 한 다발이나 샀어요.

이 한 다발 모두
그 사람의 책상 위에 놓아 주고 싶지만
그럴 순 없으니까
그냥 이 꽃들 중에서
제일 예쁘고 싱싱한 몇 송이를 골라서
그 사람에게 주는 걸로 만족해야겠죠.

아직 그 사람의 마음은 알지도 못하는데
괜히 소문만 커지면
나중에 서로 곤란해질지도 모르니까요.

우리가 서로 사랑하는 사이가 되면
그땐 뭘 해 주는 일이
이렇게 힘들진 않겠죠.

그 사람은
내가 자기 때문에 이런 고생을 한다는 걸 아는지..

내가 참 좋아하는 사람
하지만 참 둔한 사람.

대답은 잘해야 한다
Story #60

어제 알아챘어야 했어요.
생전 그런 소리를 안 하는 앤데
어제따라 이상하게 코맹맹이 소리로 그러더라고요.
"나, 염색할까? 하면 어떤 색으로 하는 게 제일 예쁠까?"

그럴 땐 대답 잘해야 하는 거 아시죠?
무심코
"너무 요란하게는 하지 마."
뭐 그런 식으로 대답했다간 보수주의자로 몰리기 딱 좋고요.

"그래 염색하면 예쁘겠다."
그렇게 쉽게 대답했다간
"그럼 지금까진 내 머리색이 마음에 안 들었어?"
이렇게 되면 당분간 인생이 아주 피곤해지는 거죠.

{ 그 남 자 }

그래서 전 그녀가 원하는 대답을 해 줬습니다.
"아유, 넌 뭘 해도 예뻐!"

물론 새빨간 거짓말은 아니죠.
하지만 솔직히 인간인 이상! 어떻게 뭘 해도 예쁘겠어요?

아니, 내가 왜 이렇게 흥분했냐 하면
세상에, 머리카락을 피 색깔로 물들였더라고요.
자긴 와인색이라는데 저건 누가 봐도 피 색깔이죠.
아까 카페에 앉아 있을 때
자기 딴엔 다정하게 나한테 머리를 기대는데
우어, 순간 소름이 쫘악!
난 피가 싫어서 공포 영화도 안 보는데!

여자 친구는 자꾸 예쁘냐고 묻지
나는 볼 때마다 소름 끼쳐 죽겠지,
아, 어떡하죠? 다시 까맣게 염색하라고 하면 완전 삐칠 텐데.
뭐 좋은 방법 없을까요?

히히, 이젠 가죽 바지만 사면 돼요.

해 보고 싶었는데 못해 본 거
절대 못해 볼 것 같았던 게
딱 두 개 있었거든요.

와인색으로 머리카락을 염색하는 거
그리고 몸에 딱 맞는 가죽 바지를 입어 보는 거.

그딴 걸 왜 하고 싶냐고 물어보면
글쎄요, 나도 할 말은 없어요.
내 안에 또 다른 내가 있는 건지
아님 남들도 다 그런지..

어쩌면 확인하고 싶었는지도 모르죠.
그 사람이 나를 좋아하는 이유가
까만색 머리카락과
치렁치렁한 긴 스커트가 아니라는 걸.

염색하고 처음 거울을 봤을 땐
솔직히 좀 무섭더라구요.
그래도 그 사람은 예쁘다고 하던데요?
그 말 듣고 다시 거울을 보니까
또 괜찮은 것 같기도 하고..

내 어떤 모습도 사랑해 주는 사람
그런 사람이 있다는 건 정말 신나는 일이네요.

내일은 가죽 바지 사러 가자고 해야지.
아, 해골 목걸이도!

웃음을 주고 싶어서
Story #61

정말 기분 좋은 하루였습니다.
그녀가 오늘은 정말 많이 웃었거든요.

원래 웃음이 별로 없는 사람이에요.
처음 소개팅으로 만났을 땐 그래서 오해도 했죠.

아무리 웃긴 이야기를 해도 웃지도 않고
물잔만 빙글빙글 돌리는 게
억지로 끌려 나온 사람처럼 보여서
솔직히 마음이 많이 상했어요.

그래서 혹시 내가 마음에 안 들어서 그러는 거면
그냥 바로 일어나자고 말했죠.
그랬더니 그녀가 너무 당황한 표정으로
잠깐 딴생각을 했다고 너무 미안하다고 그러더라고요.

그렇게 다시 자리에 앉아서 이야기를 하고
다시 만날 약속을 잡고
그렇게 우리가 만난 지 한 달이 좀 넘었네요.

글쎄, 생각해 보면
그녀의 그런 어두운 모습에 좀 끌렸던 것 같기도 해요.
어쩐지 옆에 있어 줘야 할 것 같고, 지켜 줘야 할 것 같고
그런 마음 말이죠.

어쨌거나 다행인 건
처음보다 지금 그녀의 웃음이 많이 늘었다는 겁니다.
오늘은 별것도 아닌 내 농담에
눈물이 날 만큼 웃기도 했거든요.

그녀는 모를 겁니다.
웃을 때 자기 얼굴이 얼마나 예쁜지
그게 날 얼마나 기분 좋게 하는지.

남자 친구와 헤어진 후로
계속 땅만 보고 다녔나 봐요.
그런 내 모습이 많이 답답했는지
하루는 친구가 그런 얘길 했죠.

사랑의 상처는 사랑으로 덮는 거니까
얼른 다시 누군가를 만나라고.
맘속으로 그럴 수만 있으면 좋겠다 생각하며
농담처럼 대답했어요.
그럼 빨리 소개팅이나 시켜 달라고.

그런데 그 친구는
바로 다음 날 정말 약속을 잡아 버렸죠.

그렇게 정신없이 나간 자리에서
이 사람을 만났어요.

아직 좋아한다고 말할 수는 없지만
착하고 따뜻하고 싫지 않고
무엇보다 고마운 사람이죠.

아무것도 모르고
날 좋아해 주는 그 사람을 위해서
그리고 나 자신을 위해서도
예전의 말 많고 웃음 많던 내 모습으로
다시 돌아가려구요.

하지만 아직은 소리 내어 웃는 게 쉽지만은 않네요.
가끔은 오늘처럼
일부러 웃어야 하는 내 모습이 슬퍼서
웃음 끝에 눈물이 핑 돌기도 하니까요.

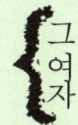

이별에 대한 다른 해석
Story #62

내가 이별을 믿지 않는 데는 이유가 있습니다.

첫째,
그녀는 내게 끝까지 싫어졌다는 말을 하지 않았습니다.

둘째,
요즘도 내가 전화를 걸면 피하지 않고 받아 줍니다.
내가 말없이 전화를 들고만 있어도
그녀는 먼저 끊는 법이 없습니다.

셋째,
그녀의 친구들은 아직도 우리가 헤어진 사실을 모릅니다.
우리가 언제라도 예전으로 되돌아갈 수 있도록
아무에게도 말하지 않은 겁니다.

넷째,
그녀는 헤어지기 한 달 전에 내게 카메라를 선물했고
우린 함께 사진을 찍었습니다.
내 앞에 놓인 이 사진 속에서 그녀는 환하게 웃고 있습니다.
헤어짐을 준비하고 있었다면 이렇게 웃을 순 없을 겁니다.

다섯째,
그녀가 정말 이별을 원했다면 헤어지기 몇 주 전부터
그렇게 자주 이유 없이 울지는 않았을 겁니다.

내겐 이렇게 그녀가 이별을 원하지 않았다는 증거가
다섯 개나 있습니다.

그녀는 그냥 화를 내고 있는 것뿐입니다.
그러므로 그녀는 곧 돌아올 겁니다.

오래 생각했고
이별 선물도 전했고
미리 혼자 많이 울기도 했고..
그래서

헤어짐이라는 말을 하는 순간
모든 게 끝날 거라 믿었는데
그렇지가 않나 봅니다.
아직도 해야 할 일이 많이 남아 있네요.

우선은 깨끗이 비우는 일
전화기에 다이어리에
태연하게 남아 있는 사진을 떼어 내는 일
그 속에서 웃고 있는 모습들을
외면하고 찢어 버리는 일

아직도 내게 그 사람의 안부를 묻는 이들에게
우리의 이별을 말하는 일
다들 많이 놀라겠지만
그래도 당황하지 않고 담담하게 말해 주는 일
"그냥.. 그렇게 됐어.."

계속 걸려 오는 그 사람의 전화에
이젠 침묵 대신 거절을 말하는 일
"이젠 전화하지 말아 줘."

이별을 인정하지 못하는 그 사람에게
다시 이별을 설명해야 하는 일
"우린 싸우고 있는 게 아니라 헤어진 거야.
너를 사랑하지 않아."

늘어지는 여름 해처럼
헤어짐이 참 길게 느껴집니다.

{ 그 여 자

사랑하며 냉정을 찾는다는 건
Story #63

아니야, 난 그냥 집에 있을게.
정말 술은 안 마시고 싶어서 그래.

알지, 니들 말처럼 이럴 때 술 마시고 취하고
그러면 차라리 편할 수 있다는 거.
그런데 난 그러는 거 별로야.
깨고 나면 똑같잖아. 속만 버리지.

**나 지독한 거 이제 알았어? 나 원래 그렇잖아.
걔도 그러더라. 내가 이제 무섭다고.**

아냐, 내가 붙잡았어.
걔는 다시 보지 말자고 했는데 그래도 나는 기다리겠다고.
내 딴엔 잡느라고 잡았고 매달리느라고 매달렸는데..
그게 그렇게 안 들렸나 봐.

그렇다고 나까지 울 순 없잖아.
우리한테 필요한 건 시간일지도 모르는데
그걸 무시하고 당장 어떻게 결정하라고 하는 건 아니잖아.

그래서 기다리겠다고 한 거야.
니들은 이런 말 들으면 낯간지러워하겠지만
그냥 뒤뜰처럼 있겠다고.

그런 거 있잖아.
생전 안 가 보다가 어느 날 나가 보면
예전에 쓰던 물건들이 잔뜩 쌓여 있고
쪼그려 앉아서 그거 하나씩 꺼내다 보면 다시 정겨운 마음이 생기고
그래서 뒤뜰에서 머무는 시간이 길어지고..

우리도 그렇게 되면 좋겠다고
당분간 찾지 않아도 되니까
어쨌든 나는 기다리겠다고.

{ 그 여자

소문 한번 빠르다.
벌써 너까지 다 알았구나.

아냐, 괜찮아.
그러게, 냉정한 사람이랑 지내다 보니까
나까지 그렇게 된 건가? 아무렇지도 않네.

아마 그 사람은 더 괜찮을 거야.
내가 울면서
지금 날 붙잡든가
그게 아니면 다시는 보지 말자고 하는데도
그 사람은 그냥 기다리겠다는 말만 하더라.

처음으로 그 사람이 미련하다는 생각이 들었어.
사랑 앞에서
이별 앞에서
한 번 울지도 못하고
무릎 한 번 못 굽히는 사람은
냉정한 게 아니라 미련한 거라는 생각.

자기 스스로는 못 넘어지는 사람
무릎을 굽혀서 주저앉으면 되는데
선 채로 넘어지려는 사람.

헤어지는 순간까지도 그러더라.
뒤뜰이 돼서 기다리겠대.
나는 이제 정말 끝이라는 생각에 정신이 하나도 없는데
눈물도 나고 미칠 것 같은데
그 사람은 비유법까지 다 써 가면서
할 말을 다 하는 거야.

어떻게 그럴 수가 있을까?
그 사람이 진짜 날 좋아하긴 했는지
난 이제 그것도 잘 모르겠어.

그녀가 또..
내 옆에 없네요.
그녀의 마음은
어디를 돌아다니고 있을까요.
이제 내 말은 들리지도 않겠죠.

그래도 계속 말을 해야 합니다.
내가 갑자기 말을 멈추면, 그녀는 미안한 표정으로 웃으며
하던 이야길 계속하라고 할 테니까.

Chapter 8
그 남자 그 여자가 몰랐던 열 가지 진실

똑같다
Story #64

결국 이렇게 되고 말 것을
어차피 소개팅의 끝이란 허무함뿐인 것을
폭탄이 떴다고 테러 신고를 할 수도 없고..

내가 생긴 것만 가지고 그러는 건 아니에요.
솔직히 뭐 생긴 게 훌륭했으면
마음을 좀 더 활짝 열긴 했겠죠.

얼굴은 그렇다고 치자고요,
그래도 소개팅인데
멋진 옷은 아니더라도 성의는 보여야 되는 거 아닙니까?
무슨 김장하다 막 뛰어나온 사람처럼, 아니
그것까지도 다 이해해요! 그럴 수 있다 쳐요!

그 남자

진짜 문제는
그런 스스로가 너무 귀하신 몸이라는 거죠.

학교 앞 카페에서 소개팅하면서
리브 잇 투 미 칵테일 어쩌고
생전 듣지도 못한 메뉴만 시키고
그러면서 그게 안 된다니까

어깨를 막 들썩거리면서
"어머, 그게 왜 없을까" 그러면서 막 귀여운 척하는데
우어어어, 그땐 진짜 무섭더라고요, 무서워.

헤어질 때 바래다 달라 그럴까 봐 얼마나 걱정했는지.
그래도 양심은 있는지 그냥 가데요?

아, 하늘은 저렇게나 파란데..
아무리 인생이 다 그런 거라지만
그래도 마지막 기대였는데..

진짜 길었던 45분이었어요.

그 여자

할 말도 없고 재미도 없고
주문하는 것마다 죄다 없고
그렇다고
저쪽 얼굴을 쳐다보자니 그게 제일 괴롭고.

무슨 패션쇼 하는 사람처럼 입은 옷부터 부담스럽더니
허풍은 또 얼마나 심한지
입만 열면 자기 자랑을 하는데..

아니 그렇게 잘난 사람이
이 좋은 날 왜 소개팅에 나오냐구요.

하긴 말은 그렇게 하대요.
"친구 놈이 하도 나가 보라고 해서요."
으웨에엑.

헤어질 때 바래다준다고 그럴까 봐
나 뒤도 안 보고 막 뛰어서 버스 타 버렸잖아요.
하긴 자기도 눈치가 있으면
그 정도는 알았겠죠.

어떻게 올해는
가을이 가기 전에 뭔 일이 생기나 했더니
뭔 일은 무슨..

단풍이 곱게 물드는 이 거리를
나 또 혼자서 걷고 있네요.

거짓말인데
Story #65

"어, 지금 전화받기 괜찮아요?
지금 뭐 하고 있어요?"

전화를 받는 그녀의 목소리에
숨찬 기운이 섞여 있기에 그렇게 물어봤어요.

그랬더니 청소를 하고 있던 중이랍니다.
털고 쓸고 닦고
지금은 방바닥에 남아 있는 머리카락을
중국집 스티커로 떼어 내고 있다고요.

그 남자

"중국집 스티커요? 아, 대문에 붙여 놓는 전단지?
근데 그걸로 머리카락을 떼 낸다고요?"

그녀 말로는 머리카락은 그냥 줍기도 힘들고
이리저리 날리기 때문에
스티커나 테이프로 청소하는 게 제일 좋다네요?

"아니 희정 씨는 어떻게 그런 걸 다 알아요?
아니에요, 다들 그렇게 하기는요,
내 주위에서 그 스티커를 그렇게 활용하는 사람은
희정 씨밖에 없어요. 와 진짜 대단해요, 대단해!"

음, 이건 내가 생각해도 좀 오버였죠.
전화기 저쪽에서 그녀도 매우 어색해하는 게 느껴집니다.
어떡하죠?
어떡하긴요, 일단 전화를 끊어야죠.

"아, 근데 청소 마저 하셔야 되죠? 청소하세요.
제가 이따가 다시 전화드릴게요. 예, 파이팅!
아니 그건 아니고, 예, 예, 이따 전화드릴게요."

{ 그 여자

"예, 예, 그럼 나중에 뵐게요,
아니 통화할게요. 예."

아휴, 거짓말하느라고 등에 땀이 다 났네.
사실은 자다가 벨소리에 깼거든요.

눈을 반만 뜨고 전화기를 딱 째려봤더니
그 사람이더라구요.
후다닥 일어나서 전화를 받았죠.

혹시 목소리가 갈라질까 봐
숨을 크게 쉬고는 최대한 멀쩡한 목소리로
"옙! 여보세욥!"

그랬는데
자꾸만 뭘 하고 있었냐고 묻는 거예요.
어떡해요.
낮잠 자다가 놀라서 전화받았다고 할 순 없잖아요.

그래서 그냥 청소한다고 말했더니 이번엔 또
"쓸어요? 털어요? 닦아요?"
그러는 거예요.

어떡해요.
일단 시작했으니 거짓말을 멈출 수는 없잖아요.
그냥 바닥에 있는 머리카락 떼고 있다고 했죠.
근데 그게 그렇게 신기한 일인가요?

난 다른 데로 말을 돌리려는데
계속 머리카락 떼는 이야기만 하고 말이죠.

그나저나 이 사람은
왜 갑자기 전화를 서둘러 끊었을까요?
혹시 내가 자다 깨서 횡설수설하는 거 눈치챘나?

모닝콜
Story #66

상쾌한 아침
머리를 감고 세수를 하고 짱구 녀석과 인사를 합니다.
"짱구야 안녕! 요즘은 네 목소리 통 못 듣는구나."

침대 머리맡에 놓여 있는 이 짱구는
아마 세상에서 제일 시끄러운 자명종일 겁니다.

일어나, 일어나, 밥 먹어야지, 울라울라!
일어나, 일어나, 밥 먹어야지, 울라울라!

얼마나 요란하고 사람을 짜증나게 하는지
이런 말 좀 그렇지만
인형한테, 아니 시계한테 미안하지만
죽여 버리고 싶을 때도 있어요.

문제는 내가 아침잠이 많은 편이라
그 시끄러운 소리에도 몸을 일으키지는 못한다는 거죠.

그런데 요즘은 짱구가 소리를 지를 일이 없어졌습니다.
아주 성능 좋은 자명종이 하나 생겼거든요.
그건 바로
여자 친구가 걸어 주는 모닝콜.

"오빠, 일어나."
딱 그 한마디면 됩니다.
짱구가 백번 소리 지르는 것보다 효과가 좋아요.
"어어, 일어날게. 고마워."
그러곤 이불을 확 젖히고 일어나는 거죠.

오늘도 덕분에 지각 걱정 없이 출발!

"어이 짱구, 너무 섭섭하게 생각하지 마라.
억울하면 너도 연애하든가. 난 나간다!"

그 남자

남자 친구를 위한 모닝콜,
사실 처음엔
며칠만 할 생각이었어요.

평소 새벽 2시 넘어 잠드는 나한테
7시에 일어난다는 건
정말이지 너무 힘든 일이거든요.

어제 만났을 때 말하려고 했죠.
"오빠, 이젠 혼자서 일어날 수 있지?"

그런데 그 순간
그 사람이 먼저 말을 꺼내더라구요.
내 모닝콜 덕분에
이번 달엔 영어 학원을 한 번도 안 빠질 것 같다고.
너무 좋다구요.

힝, 아무래도 당분간은
전쟁 같은 아침이 계속될 것 같아요.

7시면
세 개의 자명종과 핸드폰 알람이
동시에 귀를 찢을 듯이 울려 대고
그럼 난 눈도 못 뜬 채로
전화기를 집어 들고 잠꼬대처럼 이렇게 말하는 거죠.
"오빠, 일어나.."

그래요, 뭐 생각해 보면
이번 기회에 일찍 일어나는 습관을 들이는 것도
좋을 것 같아요.

근데요..
정말..
너무 졸려요..

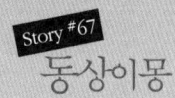

동상이몽

"아, 헤어지기 싫다.
이렇게 저녁마다 헤어지기 싫어서라도
빨리 결혼해야겠다, 그치?
억! 윽! 아아아아! 나 죽을 것 같아!
너무 헤어지기 싫어서!"

그녀는 내 처절한 몸부림을 웃으면서 지켜보다가
살짝 이렇게 한마디를 해 줍니다.
"나도."

그 말에 기분이 좋아서
오늘은 씩씩하게 헤어집니다.
추운데 언제까지 그녀를 문 앞에 세워 놓을 수도 없고
나도 장가도 가기 전에 집에서 쫓겨나지 않으려면
가끔은 집에 일찍 들어가야 하니까.

그녀가 집 안으로 들어가는 걸 확인하고
난 다시 지하철역으로 걸어가죠.

어느 사이 내 머릿속에는
우리의 결혼 생활이 파노라마처럼 펼쳐집니다.

내가 곤히 자고 있으면
그녀가 날 부드러운 목소리로 깨워 주겠죠?
그녀가 손수 매 주는 넥타이에
골라 준 옷을 입고
마주 앉아서 아침밥을 먹고
잘 다녀오라고 집 앞까지 배웅 나와 주겠죠?
퇴근하고 돌아오면
된장찌개가 보글보글 끓고 있고..

아, 거기가 바로 천국 아니겠어요?

{ 그 여자

집으로 들어가는 척하다가
다시 문틈으로 그 사람의 뒷모습을 훔쳐봅니다.

아직 눈이 다 녹지 않아 미끄러운 골목길을
무슨 생각을 그렇게 하는지
몇 번이나 미끄러질 뻔하며 걸어가고 있네요.

그 모습을 보다가 혼자 배시시 웃게 됩니다.
'힛 결혼? 결혼이라구?'

대문에 등을 기대고 잠깐 행복한 상상에 빠져 봅니다.

우리가 결혼하면
그 사람은 아침잠이 많은 나를
막 내린 커피 향기로 깨워 주겠죠?

난 그렇게 침대 위에서
그 사람이 준비해 준 커피와 토스트를 먹고

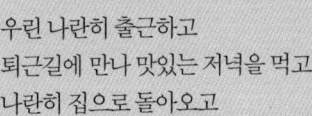

우린 나란히 출근하고
퇴근길에 만나 맛있는 저녁을 먹고
나란히 집으로 돌아오고

가끔 그 사람이 술을 마시고 들어오는 날엔
늦어서 미안하다며
장미꽃 백 송이와 함께
애교스런 웃음을 보여 주고
그럼 난 못 이기는 척 용서해 주고.

우린 그렇게 살게 되겠죠?

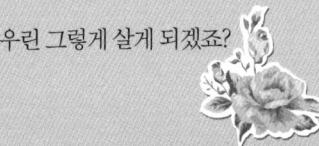

사랑하는 사람에 대한 배려
Story #68

오랜만에 그녀를 만납니다.
기대도 하지 않았는데
선뜻 나오겠다고 해서 많이 들떠 있었죠.

어디 들어가서 시원한 걸 마시자고 했더니
그녀는 좋은 날씨가 아깝다며
그냥 좀 걷자고 합니다.

난 어색해지지 않으려고
준비해 온 이야기를 꺼내 놓기 시작하죠.
그녀가 좋아할 만한 애깃거리들
강아지 이야기, 영화 이야기, 여행 이야기..
딱 한 가지, 그녀가 제일 궁금해할
내 친구의 소식만 빼고 나는 다 이야기합니다.

그렇게 한참을 떠들고 있는데
그녀가 마시던 종이컵을 구기며 고개를 숙입니다.

그녀가 또..
내 옆에 없네요.

그녀의 마음은
어디를 돌아다니고 있을까요.
이제 내 말은 들리지도 않겠죠.

그래도 계속 말을 해야 합니다.
내가 갑자기 말을 멈추면
그녀는 미안한 표정으로 웃으며
하던 이야길 계속하라고 할 테니까.

난 그녀 손에 들린 종이컵처럼 구겨진 얼굴로
내가 무슨 이야길 하는지도 모르는 채
그냥 그렇게 떠들고만 있습니다.

좀 걷자고 했어요.
딱히 할 이야기도 없는데
마주 앉아 있으면 어색할 것 같아서.

잠시 말이 끊어지면
난 얼른 눈을 내리깔고
들고 있던 종이컵만 만지작거립니다.

'그 사람은? 그 사람은 잘 지내?'

금방이라도 묻고 싶은 마음을 누르느라
괜히 종이컵을 구기게 됩니다.

구겨진 종이컵 위로 그 사람의 얼굴이 겹쳐집니다.

'그 사람은 커피를 마시지 않았어.
한 잔만 마셔도 잠이 오지 않는다면서.
참 예민한 사람
내 작은 흔들림도 다 눈치챌 만큼
그래서 많이 힘들었지.
그 사람도 나도.'

문득 정신을 차려 보면 이야기는 계속되고 있습니다.
내 마음이 멀리 다녀온 것도 모르고
이 사람은 계속 그 자리에 있었네요.
무던하게, 흔들림도 없이.

떠돌던 내 마음을 이 사람 옆에 앉혀 봅니다.

피곤해진 내 마음이 내게
말을 건네는 것 같습니다.

이젠, 이렇게 편한 자리에 머물고 싶다고.
이젠, 여기서 쉬고 싶다고.

몹시 위험한 세 마디
Story #69

오늘 남자 친구는 기분 좋은 일이 있는 것 같았다.
월요일, 길이 이렇게나 막히는데도
계속 어떤 멜로디를 흥얼거리며 운전대를 잡고 있었다.

가끔은 좀 답답하다고 느꼈던
하지만 늘 저렇게나 순하고 착한 얼굴.
여자는 그런 남자 친구의 옆모습을 바라보다가
말을 하기로 결심했다.

다 털어놔야겠다고
용서할 수 없다고 한다면, 그래서 헤어지자고 한다면
그것도 받아들일 수밖에 없다고.

여자는 안전벨트가 허락하는 한
최대로 남자 쪽으로 몸을 돌렸고
입술을 한 번 깨물었다가 드디어 입을 열었다.

"나, 할 말 있는데.."

하지만 어렵고 심각하게 꺼낸 그 말은
거의 동시에 시작된 남자의 말에 묻히고 말았다.

"참, 너 이번 토요일에 뭐 해? 나 친구들 만날 거거든.
근데 애들이 너 안 데리고 올 거면 나도 오지 말래.
아, 다들 널 너무 좋아해, 왜 그러지?
지들 여자 친구도 아닌데 말이지. 시간 괜찮지? 토요일! 응?"

여자는 자기도 모르게 고개를 끄덕이며 대답했다.

"응, 그럴게. 토요일 시간 괜찮아."

"너 혹시 여자 친구하고 헤어졌냐? 아니지?
이런 이야기 좀 그렇긴 한데
너 바보 될까 봐 내가 말하는 거거든.."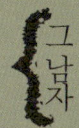

남자는 오늘 별로 친하지도 않은 사람으로부터
여자 친구에 대한 소문을 전해 들었다.
'아닐 거야' 라는 믿음이 제일 먼저였지만
곧 '설마' 하는 의심이 따라왔고
그 다음엔 '사실이면 어떡하지?' 라는 두려움이 덮쳤다.

옆자리에 타고 있는 여자 친구를 똑바로 쳐다볼 수가 없었다.
남자는 필사적으로 다른 생각을 하려 애쓰며
세상에 있지도 않은 멜로디를 흥얼거리며 창밖만 노려보고 있었다.

그런데 여자가 남자를 향해 몸을 틀었다.
여자 친구의 윗니가 아랫입술을 깨무는 것을 봤을 때
남자는 서둘러 아무 말이나 큰 소리로 하기 시작했다.
"참, 너 이번 토요일에 뭐 해? 나 친구들 만날 거거든."

입 밖으로 나온 소리와는 아무 상관없이
그때 남자는 그렇게 말하고 있었다.
"말하지 마, 아무것도 말하지 마, 제발 지금은 말하지 마."

감당할 수 없는 사실을 만날 때
어떤 사람들은 귀를 막고 눈을 감는다.

그렇게 하면 그냥 넘길 수 있어서가 아니라
귀를 열고 눈을 뜨는 순간 모든 게 끝난다는 걸 알고 있어서.

완전한 진심도 아닌, 완전한 거짓말도 아닌
몹시 위험한 세 마디
'들키지만 마, 털어놓지 마, 끝까지 아니라고 해'

Story #70
이상형과 현실형

회식 자리.
난 언제나처럼 그녀의 대각선쯤에 자리를 잡습니다.
여러모로 좋은 자리거든요.
그나마 자신 있는 옆얼굴을 보여 줄 수도 있고
눈이 마주치는 부담 없이 잘 지켜볼 수도 있으니까.

지금 그녀는
옆에 앉은 사람과 자기가 싫어하는 남자에 대해
줄줄이 이야기를 하고 있네요.

솔 달린 구두를 신는 남자
사무실에서 슬리퍼 끌고 다니는 남자
옆에 가면 담배 냄새 나는 남자
커피를 마실 때 후루룩 소리 내는 남자
잘난 척하는 남자..

사실 더 많았는데
마음이 아파서 더 기억하고 싶지가 않습니다.

그녀가 한 말 중에서
'잘난 척하는 남자' 그거 하나 빼곤
거의 다 내 이야기거든요.

담배는 어차피 끊으려고 했으니까 빨리 끊고
커피는 아예 마시질 말든가
구두에 있는 솔은 당장 가위로 잘라 버리고..
글쎄요, 그러면 나도 그녀의 마음에 들 수 있나요?

그런데 그녀는 내가 그렇게 싫었으면서
왜 자주 따뜻한 눈빛을 보내곤 했을까요?

좀 비참해지네요.

그 남자

{ 그 여자

그 사람 싫어요.
패션 감각 없는 거 정말 싫어요.

늘 엉덩이가 벙벙한 바지만 입는 거
할아버지 같은 구두 신는 거
특히 사무실에서 못생긴 고무 슬리퍼 신고 있는 거
진짜 싫어요.

식사 예절도 형편없어요.

앞에 앉은 사람이 숟가락도 들기 전에
무슨 음식이든 5분 만에 끝장내 버리는 거
커피를 숭늉처럼 불어 마시는 거
사탕을 우두둑 깨물어 먹는 것도
정말 무식해 보여요.

머릿결 나쁜 거
배 나온 거
쌍꺼풀 진한 거
회의할 때 다리 떠는 거
엘리베이터만 타면 아저씨들처럼
거울 앞에서 손으로 머리 빗는 거
다 싫어요. 싫어요. 진짜 싫어요.

그런데
싫은 점을 백 가지 생각하고
싫다고 백 번을 말해도
자꾸 그 사람이 좋아요.

속상해요.
난 정말 멋있는 사람을 좋아하려고 했는데..
나도 모르게 하루에도 백 번씩
그 사람만 보게 돼요.
그 사람이 좋아요.

콩깍지

Story #71

저 여자야, 저 여자!
예쁘지? 참하지? 천사 같지?
아, 요즘 이 형님의 가슴이 말씀이 아니시다.
야, 뭐 좀 좋은 방법 없을까?

 그런 건 어때?
내가 저 여자 통장에다 매일 백 원씩 넣는 거.
예전에 그래 가지고 연결됐다는 사람 있었잖아.

그치? 좀 웃기지?
"누가 거지인 줄 알아요?" 그러면서 날 쫙 째려보겠지?

그러면 저렇게 서 있을 때
살금살금 뒤로 가서 "웍!"하면 어떨까?
충격요법으로 내 얼굴을 확실히 각인시키는 거지.

그치? "뭐야 미친 사람 아냐?" 그러겠지?
그래, 그러다 울기라도 하면 큰일이지.

그럼 집 앞에서 기다리는 건?
하긴 그건 진짜 스토커 같겠다. ❀

아, 오늘따라 더 예쁘네. 치마 입으니까 정말 예쁘다.
지금 친구랑 점심 먹으러 가는 거 같지?
저런 여자는 뭐 먹을까?
샐러드? 그래 샐러드 어울린다! 아님 뭐 까르보나라 정도?
뭐 이슬만 먹고 살지도 모르지.

아니, 아직 말도 한마디 못해 봤어. 목소리는 또 얼마나 예쁠까?
아까 지나가는데 좋은 냄새도 나더라고.

아무래도 인간이 아닌 것 같아.
천사야 천사!

누구누구?
아이 누가 날 쳐다본다고 그래?

{ 그 여자

기지배 그러지 말고 나 밥이나 사 줘라.
너무 늦게 일어났더니
기숙사 아침 시간 다 끝났더라고.
흐헝헝, 어제 또 좀 마셨거든.

아니 감기는 무슨.
노래방 가서 좀 달렸더니 목이 쉰 거지.
목쉬게 하는 덴 음주 후 가무가 최고잖아.

야, 그나저나 어떻게 통장 잔액이 빵 원이 될 수가 있니?
신용카드 대금은 진짜 마지막 십 원까지 긁어 가더라?
너 혹시 그거 아니? 통장 잔액 빵 원 된 기분!

아니, 나 저번 학기에 학사경고 맞은 거 걸려 가지고
아빠가 용돈을 안 보내 주신다네?
정말 요즘 같아선 누가 하루에 백 원씩만 줘도 좋겠다.

냄새? 무슨 냄새?
어흐흥, 실은 나 머리 사흘째잖아.
향수 들이부었지 뭐.

그나저나 나 오늘은 꼭 빨래해야 되는데
입을 바지가 하나도 없더라고.
웬만하면 대충 털어 입으려고 했는데
토한 거 묻은 건 나도 차마 못 입겠더라. 히히.
오죽하면 내가 치마를 입고 왔겠냐.

아우 속 쓰려, 우리 빨리 내장탕 먹으러 가자.
해장엔 역시 남의 창자가 최고거든.
빨리빨리!

사랑의 힘
Story #72

"우리 여기서 커피 마시고 갈까요?"
커피를 유난히 좋아하는 그녀는
길을 가다가도 편의점만 보이면
그런 말을 자주 합니다.

사실 난 뜨거운 걸 잘 못 먹는 편이거든요.
새로 한 밥도 일부러 식혀 먹는 편인데
언제부턴가 커피만큼은 뜨거운 걸 마시게 됐어요.

아, 내가 먹을 수 있는 뜨거운 음식이 또 하나 있네요.
그건 바로 설렁탕.

{그 남자}

언젠가 술을 엄청 마신 다음 날
그녀를 만난 적이 있거든요.
아마 몸에서 술 냄새가 막 났겠죠, 눈도 빨갛고.

절 보자마자 어제 술 많이 마셨냐고 묻더니
설렁탕집에 데리고 가더라고요.
원래 아저씨들은 이런 거 먹는다면서
뜨거운 거 먹으면 속이 시원하게 풀릴 거라면서.

사실 그때 속이 안 좋아서 냉수 생각만 간절했는데
그녀가 권하니까 그 뜨거운 걸 억지로 먹었거든요?
근데 그날은 또 신기하게
진짜 속이 확 풀리게 시원하더라고요.

내가 먹을 수 있는 뜨거운 음식의 수는
아마 앞으로도 꾸준히 늘겠죠?

그녀한테 맞춰 간다고 생각하면
식성을 좀 바꾸는 건 뭐 어려운 일도 아니니까요.

집으로 돌아가는 길
아쉬움에 나도 모르게 시무룩해집니다.

{ 그 여자

"헤어지기 싫은데 나랑 5분만 더 같이 있어 줄래요?"
하고 싶은 그 말은
아직 입 밖으로 잘 나오지 않습니다.

그래서 그냥 편의점 옆을 지날 때면
무심코 생각난 것처럼 그렇게 말해 버리죠.

"우리 여기서 커피 마시고 갈까요?"

편의점 커피
뽑은 지 오래돼서 향기도 옅어졌지만
내게는 그래도 향긋하게 느껴집니다.

그 한 잔을 마시는 시간만큼
우리가 더 오래 함께할 수 있으니까요.

그러고 보면
그 사람과 만나면서 익숙해진 것이 몇 가지 있네요.

편의점 맛없는 커피
그리고 특유의 냄새가 너무 싫지만
그 사람의 속을 개운하게 풀어 주는
고마운 설렁탕 국물.

아직도 익숙해지지 못한 건
매일 저녁
그 사람과 헤어지는 일뿐인 것 같아요.

피곤한 저녁이면,
늘 힘든 걸음으로
이 언덕길을 오릅니다.

당신과 함께 집으로 돌아갈 때면,
난 당신에게 매달리다시피
이 길을 올라가곤 했어요.
그러면 가끔씩
날 업어 주겠다며 야윈 등을 내밀던 당신..

Chapter 9
그리워하다

미경이라는 이름
Story #73

그녀는 항상 자기 이름이 불만이었습니다.
흔한 이름 미경이.

"학교 다닐 때
우리 반에 꼭 미경이가 두 명씩 있었어.
큰 미경이 작은 미경이.
나는 매번 작은 미경이었어."

키가 작은 그녀는
그 말을 할 때마다 입을 삐죽거렸어요.
뒤꿈치를 들어 보며
"딱 요만큼만 더 크면 좋겠다."
그렇게 말하곤 했죠.

그 남자

그러면 너는
"넌 이대로가 제일 예뻐.
네가 5센티만 더 컸어도
지금보다 훨씬 덜 예뻤을 거야."
말하곤 했고.

그렇게도 불만이라던
그녀의 이름 미경이.
이젠 내가 그 이름을 원망하게 됐습니다.

그녀 말대로 세상엔
너무 많은 미경이가 살고 있네요.

학교에도 거리에도
은행 창구에도 병원 접수대에도.

헤어진 지 한 달이 지났는데
아직도 내 옆에는
온통 미경이뿐인 것 같습니다.

"미경아!"

복잡한 카페 안
익숙한 목소리가
나지막하게 나를 부르는 것 같았어요.

화들짝 놀라 돌아보지만
나랑은 전혀 상관없는
한 여자와 한 남자가
반갑게 웃으며 손을 잡고 있네요.
저 여자의 이름도 미경인가 보죠.

학교 다닐 땐
누가 "미경아!"하고 불러도
잘 돌아보지를 않았어요.
돌아보면
"너 말고 큰 미경이!"
그렇게 놀리는 친구들이 꼭 있었거든요.

작은 미경이라고 불리는 거 참 싫었는데
한동안은 싫은 것도 잊고 살았어요.

내 작은 키, 흔한 이름
그런 걸 좋아해 준 사람이 있어서.

그런데
다시 싫어질지도 모르겠습니다.

"미경아!"
그 소리만 들으면
그늘을 만들어 주던 큰 키와
안경 속 착한 미소
그런 게 자꾸 생각이 나서.

보고 싶어도 사랑이 지나가면
Story #74

극장에서
예전 그녀와 옆모습이 많이 닮은 사람을 봤습니다.

하지만 짧은 머리카락과 낯선 향수 냄새
그리고 그 옆에 있는 다른 남자.
자꾸만 돌아가는 시선을 애써 스크린에 고정시켰습니다.
아니겠지.. 아니겠지..

하지만 영화가 다 끝나고 긴 겨울밤이 다 지나고
이렇게 아침이 다 밝도록 난 잠을 이루지 못합니다.

정말 그녀였을까요? 아니었겠죠?

{ 그 남 자 }

이렇게 아쉬울 줄 알았다면
제대로 쳐다보기라도 할걸..
한 번만 용기를 낼걸..

시간이 지날수록 그 마음은 더 간절해집니다.

다른 욕심은 없습니다.
그냥 한 번만 보고 싶습니다.

만날 수 있다면
어색한 악수도
괜한 날씨 이야기도
지루한 안부 인사도 건네지 않을 겁니다.

오늘 본 그 여자처럼
이젠 다른 사람의 곁에서
행복하게 잘 살고 있을 그녀이기에
그저 한 번만 보고 싶을 뿐입니다.

{ 그 여자

극장 안 아주 가까운 자리에
그 사람이 앉아 있었습니다.

나를 알아본 듯 알아보지 못한 듯
그 사람은 조금 놀라는가 싶더니
이내 영화에 빠져들었어요.

아닐 수도 있겠죠.
그 사람도 나처럼
영화를 보고 있었던 건
두 눈뿐이었을지도 모릅니다.

그 사람도 나처럼
마음은 우리가 헤어지던 그날로
우리가 사랑하던 그날들로
계속 달려가고 있었는지도.

그때 내가 이름을 불렀으면
그 사람도 나를 돌아봤겠죠?
그럼 우린 짧게나마
서로를 보며 웃을 수 있었을 테고.

한때 이런 우연한 재회를
소원처럼 바라던 시간도 있었어요.
하지만 오늘 난 그 사람을 부르지 않았어요.

그건 내 옆에 있는 사람 때문도 아니었고
어색한 분위기를 염려한 때문도 아니었습니다.
그건..

어느 노래의 가사처럼
그 사람은 나를 알아도
나는 이제 그 사람을 모르기 때문에.
이미 우리의 사랑은 지나가 버렸으니까요.

겨울 공터
Story #75

당신을 바래다주던 길의 풍경은
겨울이면
기억 속에서 다시 신선해집니다.

헤어질 때면 짧은 입맞춤을 나누던 골목길,
가로등 불빛 밑으로는 가끔 눈송이가 날리곤 했습니다.

우리를 방해하던 방해꾼도 있었죠.
찹쌀떡 메밀묵을 외치던 목소리.
그 소리에 놀라
꼭 안고 있던 당신을
화들짝 밀쳐 낸 적도 여러 번이었습니다.

> 그 남자

그해 겨울
당신이 내게 헤어짐을 말한 후에도
나는 그곳을 여러 번 찾아갔습니다.
그 언덕길 너머 작은 공터에서
나는 당신을 참 여러 날 기다렸지요.

그곳에 눈이 쌓일 때부터
그 쌓인 눈이 스티로폼처럼 굳어져
발밑에서 파삭 부스러질 때까지
오후의 겨울 볕에
그 눈들이 질퍽하게 녹아내릴 때까지.

하지만 당신은
끝끝내 나타나지 않았습니다.

겨울이 돌아오면
그 기억들은
냉동실에서 막 꺼내 놓은 듯
모두 이렇게 생생히 살아나곤 합니다.

피곤한 저녁이면
늘 힘든 걸음으로
이 언덕길을 오릅니다.

당신과 함께 집으로 돌아갈 때면
난 당신에게 매달리다시피 이 길을 올라가곤 했어요.
그러면 가끔씩 날 업어 주겠다며
야윈 등을 내밀던 당신.

그 다정하던 시간들을
내가 냉정히 내쳐 버린 후에도
당신은 이 공터에서 몇 시간씩 나를 기다리곤 했었죠.
그 모습을 몰래 훔쳐보면서
나도 마음이 아파 많이 울었습니다.

당신의 낡은 운동화 속으로
눈이 녹아 스며들진 않았는지
발이 많이 시린 건 아닌지..

얼마 전 이 공터에는
형광등 불빛이 눈부신
편의점이 하나 자리를 잡았습니다.

24시간 환히 불을 밝힌 그곳을
나는 가끔 물끄러미 바라봅니다.

가로등밖에 없었던 그때
당신과 함께했던 그 풍경들은
이제 정말 다 사라졌네요.
당신과 함께했던 그 따뜻한 시간들도
다시 올 수 없겠죠.

이렇게 다시
겨울은 돌아와도 말이에요.

이별은 수술
Story #76

지하철역에서 누가 내 이름을 부릅니다.
돌아보니 대학 때 친구네요.

잘 지냈냐, 회사는 잘 다니냐, 누구 소식은 들었냐..
그런 인사 끝에
친구는 당연한 듯 그녀의 안부를 묻습니다.
각오한 일이라 담담하게 대답했죠.
얼마 전에 헤어졌다고.

"아, 그래? 아, 몰랐어. 진짜 몰랐네.
니들은 정말 안 헤어질 줄 알았는데
어쩌다가 그렇게 됐냐.."
오히려 더 당황하는 친구의 모습에
말문이 막혀 버립니다.

그 남자

왜 헤어졌는지 그 이유는 더 말할 수가 없죠.
끝난 사랑을 한 줄로 설명하면
다 비슷해지고 다 우스워진다는 걸 알고 있거든요.

우리가 얼마나 사랑했는지
어쩌다 그녀의 마음에 다른 사람이 들어와
나를 떠나기로 했을 때
나한테 얼마나 미안해했는지
그런 것들을 다 설명할 수는 없으니까요.

'그녀에게 다른 사람이 생겨서.'
그렇게 한 줄로 말해 버리는 게 싫어서
"그냥 그렇게 됐어. 언제 술이나 한잔 사 주라."
그러고는 돌아섭니다.

헤어졌지만
그래도 내겐
소중한 사랑이었으니까요.

{ 그 여자

그 사람과 헤어진 후로는
사람들과 마주치는 게
참 힘든 일이 됐습니다.

만나는 사람마다 물어보는 그 사람의 안부.
헤어졌다고 대답하면
사람들은 꼭 다시 물어봐요.
정말이냐고, 왜 그렇게 됐냐고.

그리곤 궁금해 죽겠단 표정으로
내 다음 말을 기다리죠.
가끔씩 그 표정에서는
날카로운 말소리가 들리는 것도 같습니다.

그렇게 유난을 떨더니
너희도 결국 헤어졌구나.

다 내 마음이 불편한 탓이겠지만
그런 일이 있고 나면
남은 하루가 다 엉망이 되어 버립니다.

난 사랑하고 이별했을 뿐인데
정작 그 사람은 나를 이렇게 보내 줬는데
왜 다른 사람들 때문에 내가 이렇게 불편해야 하는지
때론 서럽고 분한 마음까지 생기죠.

한 사람과 헤어진다는 게
이렇게 큰일인지 몰랐어요.

이별한다는 건
내가 살아온 세상의 한 부분을
통째로 잘라 내야 하는
아주 크고도 힘든 수술이라는 거
이젠 알 것도 같아요.

보면서 잊는다는 건
Story #77

드라마에선 연인이 헤어질 때
한쪽이 외국으로 나가 버리곤 하잖아.

난 그거 좀 웃긴다고 생각했거든.
이별했다고 훌쩍 유학이나 가 버리고.
솔직히 그럴 수 있는 사람이 몇 명이나 되겠어.

대부분은 같이 걷던 길을 돌아가는 한이 있어도
자기가 살던 데서 못 벗어나잖아.

그중엔 우리처럼 운이 나빠서
헤어지고 나서도 매일 이렇게
한 사무실에서 얼굴을 마주치면서
하루는 그런대로 괜찮았다가
또 하루는 전혀 괜찮지 않았다가..

그렇게 몇 년이 지나야
몇 년 쓴 칼날처럼 무뎌져서
겨우 아픈 것도 모르고 살 수 있게
그렇게 하루하루 정직하게 아파하며 살고들 있을 건데.

그런데 요즘은 그런 생각이 들더라.
내가 드라마를 쓴다고 해도 그렇게 끝을 내고 싶다고.
이렇게 헤어지고도 계속 만나게 하는 건
잔인하다는 걸 나도 이제 아니까.

보면서 잊는 거
괜찮은 척하는 거
정말 너무 힘드네.

넌 어떠니?
그냥 보기엔 나보단 훨씬 나아 보이는데..

메일 잘 읽었어.
읽다 보니까 꼭 내가 쓴 것 같더라.
나도 요즘 그런 생각 자주 했거든.

어디 외국 지사로 나가는 방법 없을까?
그만두고 유학이나 떠날 수 있었으면.

같이 있을 때는
그렇게 엇나가기만 하더니
헤어지고 나니까
이렇게 마음이 딱 맞네.

하긴, 우린 원래 잘 통하는 사이였지?
하도 죽이 잘 맞아서 다들 그랬잖아.
둘이 결혼하면 아주 잘 살 거라고.

나도 그럴 줄 알았는데..
그래서 내가 먼저 고백한 건데..
지금은 후회해.
그때 사랑이란 말만 꺼내지 않았어도..

사랑하면 더 많이 이해할 줄 알았는데
오히려 더 많은 걸 원하게 될 줄은 몰랐지.

있잖아, 아무 일도 없었으면 더 좋았겠지만
지금이라도 우리 노력해 볼래?
처음으로 돌아갈 수 있도록
우리 참 좋은 친구였던 그때로.

 난 그럴 수 있을 것도 같은데.

답장 기다릴게.
참, 먼저 메일 보내 줘서
정말 고마워.

커피를 마시다가
Story #78

그냥
커피를 마시다가 네 생각이 났어.
사실 해마다 여름밤이면 가끔 생각했지.

그해 여름, 처음으로 엠티라는 걸 갔을 때
다들 잠들고 우리 둘만 깨어 있던 밤

그때 넌 갑자기 커피를 마시고 싶다고 했고
그래서 난 누룽지가 남아 있던 코펠에 물을 끓였어.

밥알이 떠 있는 그 커피를 홀짝홀짝 마시면서
넌 그게 세상에서 제일 맛있는 커피라고 했지.
그 커피 맛은 평생 못 잊을 거라고.

그 남자

혹시나 너도
여름밤이 되면 그 커피 생각이 날까
내가 생각날까
내 생각이 나면, 한 번쯤 연락하지 않을까.

그런데 여름이 또 이렇게 다 갔네.

한 번쯤 네 소식이 들릴 만도 한데
아무도 나한테 전해 주질 않나 봐.
너랑 헤어진 다음에
내가 너무 엄살을 피워서 그런 거겠지?

하긴
어차피 다시 어쩌기엔
너무 오래전 일이지.
그땐 우리 둘 다 스무 살

그때가 참 좋았던 것 같아.

{ 그 여 자 }

머그잔 가득 커피를 뽑았어.
향기를 맡으며 조금씩 머금다 보면
어느새 바닥이 드러나지.
만약 네가 이런 날 본다면
그때처럼 말해 줄까?
늦은 밤에 무슨 커피냐고.

그래, 커피는 그렇지.
몸이 좋지 않은 날엔
심장을 마구 뛰게도 만들지.

수학 시험지를 받아 들 때처럼
100미터 출발선에 설 때처럼
그리고
여러 해 전 여름밤
네가 끓여 준 커피를 받아 들 때처럼.

그때도 심장이 참 빨리 뛰었다?
난 그게 커피 때문인 줄 알았는데
나중에 생각해 보니
너 때문이었지.

이 밤에 무슨 커피냐고 말하면서도
서둘러 커피믹스를 찾아보던 너.

밥이 남아 있는 코펠에 그대로 물을 끓이고
거기다 커피믹스를 쏟아붓고
그렇게 제대로 젓지도 않은 커피를 내밀며
반딧불이처럼 웃어 주던
너 때문이었어.

그 밤처럼 짧던 스무 살 여름
그리고 첫사랑 너를
난 커피 향으로 기억하지.

습관

늦은 아침까지 밀린 잠을 자고 있는데
반갑지 않은 초인종이 울립니다.
마지못해 일어나 대문을 빠끔히 열어 보면
신문사에서 나온 아저씨.
신문을 구독하면 자전거를 한 대 주겠다구요.

잠을 깬 짜증이 살짝 사라지자
자전거라는 말에 솔깃해집니다.

'한강에서 같이 자전거 타면 되겠다!'

내 마음을 눈치챘는지
더 열심히 자전거에 대해 설명하는
그 아저씨의 표정을 보다가
갑자기 정신이 들었습니다.

참 우린 헤어졌지?
이젠 자전거 같이 못 타지?

조금이라도 방심하는 날
조금이라도 긴장이 풀린 순간은
이렇게 되고 맙니다.

아마 조금 더 늦게 정신을 차렸더라면
난 자전거 한 대를 받아 든 채
그 사람에게 메시지를 남겼을지도 모르죠.
나도 자전거 생겼다고
우리 이제 같이 한강에서 자전거 타자고.

헤어지고 싶었는데
그래서 헤어졌는데
그 사람과 내 습관들을 다 떨쳐 내기엔
아직 헤어진 기간이 짧은가 봅니다.

그 남자

목이 말라서 편의점에 들렀는데
무심코 흰 우유 하나에 초코 우유 하나
그리고 카운터 옆에 있는 빨대를 챙겨 드는
내 모습을 발견했을 때

씁쓸한 기분으로 초코 우유와 빨대를
다시 제자리에 갖다 놓고 편의점을 나서면
내 앞엔 또 그녀를 닮은 수많은 뒷모습이
걸어가고 있습니다.

주위를 둘러보면 따뜻한 공기 속에서
인라인 스케이트며 자전거를 타는 사람들.

인라인 스케이트를 신으면
자꾸 뒤로만 가는 것 같다며
한 발도 움직이지 못하던 겁 많은 그녀.

놓아 달라고 해서 놓아 줬는데
그만하고 싶다고 해서 그러자 했는데

꽉 잡은 내 옷자락을 놓지 못하던 그 모습은
아직도 내 마음을 졸졸 따라다닙니다.

오후 여섯 시 봄 햇살처럼
이젠 곧 져 버릴 그리움일 텐데
오늘따라 이상하게 자꾸 눈이 부시네요.

막히는 버스 안에서
무심코 또 핸드폰을 꺼내 드는 나.

이러다 힘들게 붙들고 있던
인내의 끈을 놓쳐 버릴까 봐
아직도 지우지 못한 그 번호를 눌러 버릴까 봐
겁이 납니다.

러브 어페어
Story #80

방문을 열고 들어왔더니
자동 응답기에 빨간 불이 반짝거립니다.

한 달에 한 통이나 쓸까
집 전화를 쓸 일이 거의 없어서
없애 버려야지 생각하고 있었는데.

반가운 마음 반
궁금한 마음 반으로 재생 버튼을 눌렀습니다.
그런데
자동차 소리와 웅성거리는 소음만 들릴 뿐
아무 목소리도 들리지 않았습니다.

그 남자 〉

아마 기계에 녹음하는 게 서툰
아버지가 실수를 하신 것 같다고 생각했죠.

그런데 막 전화기를 내려놓으려는 순간
그제야 음악 소리가 희미하게 들려왔습니다.
귀에 익은 멜로디.
그건 영화 '러브 어페어'에 흐르던 음악이었습니다.
그녀와 내가 그렇게도 좋아했던.

녹음이 끝날 때까지
그녀의 목소리는 끝내 들리지 않았습니다.

하지만 분명히 그녀였습니다.
응답기에 귀를 붙이고
몇 번을 되풀이해 듣는 동안
음악 소리와 길거리 소음은 점점 작아지고
그녀의 숨소리만 내 귀에 들려왔으니까요.

난 아직 그 숨소리를
기억하고 있으니까요.

아무렇지도 않은 저녁이었습니다.

이틀째 내리던 비가 그쳤고
바람이 조금 불었고
집으로 가는 버스를 기다리며
발끝을 내려다보고 있을 때
환청처럼 그 노래가 들렸습니다.

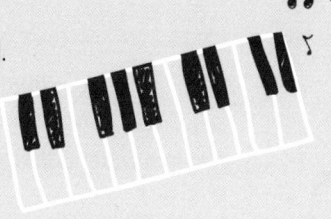

동네에 하나밖에 남지 않은 레코드 가게.
언제부터 틀어 놓은 건지
그 스피커에서 흘러나오는 노래는
러브 어페어.

홀린 사람처럼
스피커 옆으로 걸어가 한참 음악을 듣다가
전화기를 꺼내 들었어요.

생각이 났죠.
지금 내 기분을 알아줄 세상에 단 한 사람.
하지만 그 사람의 목소리를 들을 자신은 없어서
아무도 받지 않기를 바라며
그 사람의 집으로 전화를 걸었어요.

'기억하니, 이 멜로디?
이 음악이 흐르던 장면도 난 기억해.'

하지만 대답 없는 자동 응답기처럼
나도 입 밖으론 아무 소리도 낼 수가 없었어요.

그저
나도 모르게 갑자기 터져 나온
울음소리가 새 나가지 않도록 입술을 깨물며
한참이나 전화기를 들고 서 있었습니다.

이별한 지 열흘이 좀 지난 날
Story #81

가끔씩 그 생각을 했어요.

세상에 저렇게 많은 사랑 노래가
다 이별을 슬퍼하는데
그렇다면
저렇게 노래하는 사람과 헤어진 누군가는
그 노래를 들으면 어떤 기분이 들까?
그 사람도 똑같이 슬퍼할까?

너 없이는 못 산다, 제발 돌아와라.
그렇게 죽을 듯이 부르는 노래를 들으면
혹시 부담스러워하진 않을까?

청소를 하다 그 노래를 들으면
웬 청승이냐고
라디오를 확 꺼 버리거나
운전을 하다 그 노래를 들으면
졸리게 이게 뭐냐고
주파수를 돌려 버리진 않을까?

난 그런 생각을 하며
전화기를 내려놓고
다 쓴 메일을 삭제합니다.

아마 이런 노래를 들으며 눈물짓는 건
나 혼자뿐일 테니까.
그 사람도 나를 그리워할 거라는
그런 자신은 없으니까요.

늘 듣던 노래가 꼭 내 노래인 것처럼
귓가에 달라붙는 날이 있네요.

일을 하다 말고 멍청히 라디오를 듣고 있는 내 모습에
어색함을 느낍니다.

나한테 아직 이런 감성이 남아 있었나?

퇴근하고 저녁이나 먹으러 가자는 친구의 말에
난 화난 사람처럼 벌떡 일어나선
화장실로 가 오래오래 손을 씻죠.

자꾸 눈물이 날 것 같은 내 얼굴을 거울에 비춰 보며
'그래, 밥이나 먹자.
내가 언제부터 이렇게 약했다고!'

하지만 한번 흐트러진 마음은
시간이 갈수록 더 빨리 퍼져 버리고
저녁을 먹을 땐
밥 한 숟가락에 눈물 한 모금을 삼킵니다.

낯선 사람이 있으면
팔 한번 못 뻗고 앞에 놓인 반찬만 먹던 그녀인데
혼자서 밥은 제대로 먹고 지내는지.

하루 종일 나를 괴롭히던 그 노래처럼
시간은 내게도 느린 아픔을 남겼나 봅니다.

더 이상 소식이 없는 그녀가
난 이제야 못 견디게 궁금하고
보고 싶습니다.

바람이 부는 날
얼음이 녹는 날
코끝이 매운 날
가슴이 슬픈 날..
너도 그렇게 가끔씩 나를 생각하다가
너도 그렇게 점점 나를 잊어버렸을까..

Chapter 10 나처럼, 너도, 그렇게 지내고 있을까?

시월의 마지막 밤

하루키의 표현처럼
넌 한밤의 기적 소리 같아.
문득 날 잠에서 깨어나게 하지.

오늘처럼 추위에 떨다 집에 돌아와
이불 속에 웅크려 있다
깜빡 저녁잠에 빠졌을 때

꼭 전화벨이 울린 것만 같아서
화들짝 눈을 뜨면
아무도, 아무 소리도 없지.

그제야 옷을 갈아입고 씻고
텔레비전을 켜면 아홉 시 뉴스
화면 속에서 날 똑바로 보고 있는 앵커들은
금방이라도 네 소식을 전해 줄 것 같아.
네가 어디서 어떻게 살고 있다고.

자주는 아니더라도
또 그래서도 안 되겠지만
너도 어쩌다 한 번씩은
나를 기억해 줄까?

우리가 처음 만났을 때처럼
그리고 지금처럼 단풍이 질 때
공기가 파랗고 차가운 날
하늘을 보면 눈이 베일 듯 시려 올 때
일 년에 단 하루 시월의 마지막 날이라도

내가 네 곁에 있었다는 걸
한 번씩 기억해 주면 좋겠다.

그래 작년 오늘도 그랬어.

평일이었는데도
유난히 시내가 북적거렸고
들어간 카페에서도
차에서 틀어 놓는 라디오에서도
약속이나 한 것처럼 그 노래가 흘러나왔지.

시월의 마지막 밤을 지금도 기억하고 있냐고.

그때, 처음 만나 어색하던 우리는
괜히 그런 이야길 오래 한 것 같아.

"왜 하필 시월의 마지막 밤일까요?
구월에도 마지막 밤이 있고
팔월에도 마지막 밤이 있는데."

그러면서 서로 눈도 마주치지 못한 채
그냥 어색하게 웃었지.

그날 조금 떨어져 걷던 우리 사이로
바람이 불 때마다
떨어져 내리던 노란색 은행잎들.

잊으려고 노력한 적은 없지만
애써 기억하지 않아도
해마다 오늘이면
네가 내 마음에 다녀갈 것 같아.

하필이면 우린
이렇게 유명한 날 사랑을 시작했으니까.
가장 좋은 계절이 끝나고 있음을 말하는
시월의 마지막 밤에.

난 너무 늦게, 많이 아파
Story #83

예전에 네가 그런 이야기했잖아.
밤새워 공부할 때
잠이 오거나 자꾸 딴생각이 나면
손톱을 깎는다고.

그 말이 생각나서
나도 너처럼 손톱을 깎았는데
잘려 나가는 조각을 보니까
괜히 마음만 더 서글퍼졌다.

손톱도 원래는 피부였다고 하더라.
지금은 딱딱하게 변했어도
한때는 부드러운 피부였다는데
이렇게 툭툭 잘라 내도
하나도 안 아프네.

지금 생각해 보니까
너한테 나는
잘려 나간 손톱 같았겠다.

잘라 내도 아프지 않고
더 이상 필요하지도 않고
모아서 휴지통에 넣어야 하는
귀찮은 흔적 같은 거.

헤어진 바로 다음 날
전화번호까지 바꾸어 버릴 만큼
귀찮은 흔적 같은

난 아마
너에게 그런 존재였던 것 같다.

{그 여자

밤새도록 뒤척거리다 보니
벌써 창밖이 환해졌네.
예전엔 12시만 넘어가도
졸음이 쏟아지곤 했는데.

그땐 일부러 잠을 쫓으려고
손톱을 자르곤 했어.
쪼그리고 앉아서 손톱을 깎고
한바탕 세수를 하고..
그래도 잠이 오면
너한테 전화를 했지.

이젠 애쓰지 않아도
잠이 오질 않네.

무거운 머리를 일으키는데
꿈처럼, 네가 부르던 노래가 생각난다.
'전 쟁 같 은 사 랑'

전투가 한창일 땐
총에 맞아도 아픔을 모른다지.

나도 몰랐어.
손톱을 너무 짧게 자르면
나중에 이렇게 손끝이 아프다는 걸.

넌 이미 많이 아팠으니까
지금은 좀 괜찮아졌겠지?

난 너무 늦게, 많이 아파.

인사동 찻집의 낙서
Story #84

오랜만에 인사동 거리를 걷고 있습니다.
근처 서점에 왔다가 날씨도 춥지 않고 해서
그냥 혼자 이리저리 걸어 다니다 여기까지 왔죠.

이 거리는 많이 변하는 듯하면서도
또 변하지 않네요.

혹시나 해서 찾아왔더니
우리가 자주 가던 그 전통찻집도 그대로 있습니다.

좁은 나무 계단에 올라
우리가 앉던 구석 자리를 찾아가서
녹차를 한 잔 시키고는
새까맣게 쓰여 있는 벽의 낙서에서
그녀와 내 이름을 찾아냅니다.

{ 그 남자 }

'2010년 겨울, 우리가 이곳에 왔다 가다.'
그녀와 내 이름
　그리고 그 사이에 그려진 하트 하나.

나는 그 낙서를 한참 바라보다가
펜을 꺼내서 그 오래된 낙서 밑에
다시 한마디를 적었습니다.

'2013년 겨울, 혼자가 된 내가 이곳엘 다녀가다.'

인사동 거리의 이 오래된 찻집은
다락방에 숨겨 놓은 꿀단지
어린 시절의 그림일기
아빠의 비상금과 엄마의 비밀 통장처럼

그렇게 가끔씩 꺼내 보면
혼자 행복해지는 곳이에요.

바람이 부는 날
얼음이 녹는 날
코끝이 매운 날
가슴이 슬픈 날
난 이곳을 찾죠.

"어머, 오랜만에 오셨네요."
"네, 안녕하셨죠?"
얼굴이 익은 주인아주머니와 인사를 나누고
녹차를 주문하고
찻물이 적당히 식길 기다립니다.

그사이 난 버릇처럼
우리의 오래된 흔적들을 찾아보죠.
그런데 오늘 우리 이름 밑으로
새로운 낙서가 하나 매달려 있습니다.

이건 분명 그 사람 글씨인데..

오래지 않은 어느 날
그 사람도 이곳을 다녀갔나 봅니다.

겨울 볕이 스미는 나무창틀 위에
김이 피어오르는 찻잔 속에
오랜만에 느끼는 그리움 하나가
가만히 내려앉고 있습니다.

흐린 가을 하늘에 쓰는 편지
Story #85

첫눈을 기다리기엔 너무 이른가?
날씨가 많이 흐리네.
그래도 비는 오지 않았으면 좋겠는데.

비는 너무 쓸쓸해. 가을엔 더욱.
하긴 비가 쓸쓸하지 않은 계절이 있었던가?

'내리는 눈발에서'
미당 서정주는 그렇게 노래했지.

괜찮타
괜찮타
괜찮타
괜찮타

그런데 비는, 가을에 오는 비는
나한테 자꾸 그렇게 말하는 것 같아서.

　　　울어도 괜찮다
　　　　울어도 괜찮다

아직도 나는 그래.
냉장고에 붙여 놓은 폴라로이드 사진이
툭하고 떨어질 때마다
그 사진 속에서 웃고 있는 너를 발견할 때마다
울고 싶어지지.

한 번쯤은
'눈이 따갑다, 눈에 뭐가 들어갔다' 그런 평계 없이
목구멍이 따갑게 울어 봤으면.

짧다는 가을도 나한텐 너무 길고
이별도 나한텐 너무 길다.

창문을 열었더니
하늘이 바로 머리 위에 있네.

처음 우리가 사랑하게 됐을 때
네가 준 짧은 편지가 생각난다.

구름 낀 하늘을 찍은 사진 위에
넌 두꺼운 매직으로 그렇게 써 놓았지.

'이건 흐린 가을 하늘에 쓰는 편지야.
나는 너를 좋아해.'

사랑한다는 말이
세상에 그렇게도 흔한데
넌 끝까지 좋아한다고만 했어.

'좋아. 좋아해. 좋아한다.'

비를 잔뜩 머금고도
빗물 한 방울 흘리지 않는 이런 하늘을 보면
네 생각이 나.

내가
그만하고 싶다 말을 했던 날
네가 생각나.

목까지 울음이 차 있어도
끝까지 괜찮다 말하던 네 표정.

두고두고 나를 미안하게 만들던
그때의 네 얼굴이
이런 날에
가끔 생각나.

네 이야기를 전해 듣던 날

평생 그러지 않을 줄 알았는데
언젠가부터
사람들이 내 앞에서 네 이름을 말하기 시작했어.

오늘도 오랜만에 친구들을 만났는데
내 눈치를 좀 보는가 싶더니
슬금슬금 네 이야길 꺼내더라고.

누구는 백화점에서 널 봤고
또 누구는 지하철역에서 널 만났다고.

좋아 보이더라고 안부를 전해 주는 건 좋은데
은근히 기분이 가라앉는 건 어쩔 수 없었어.

나는 그렇게 애를 써도 한 번도 못 만났는데
어떻게 그 자식들은 너를
우연히도 잘만 보나 싶은 게..

너는 어떠니?
어차피 내 친구들이 네 친구들이니까
너도 가끔 내 소식 듣겠지?

넌 이제 완전히 아무렇지도 않을까?
난 아직도
네 이름을 들으면 어디가 좀 뜨거워지는 것 같은데..

다른 뜻은 없고
그냥 한 번
어색하지 않게 우연히 마주치면
참 반가울 것 같은데..

한 번쯤 보고 싶다.

다른 일들도 다 그렇지만
문득 사랑과 관련한 것도
참 공평한 것 같다는 생각이 들었어.

너하고 함께했을 때
그 시절에 너랑 같은 학교에 다니는 것도 좋았고
우리 사이에 징검다리 같은 친구들이 있다는 것도
나는 참 좋았거든.

혹시 우리 사이가 삐걱거리면
친구들이 나서서 풀어 주곤 했으니까.

그런데 헤어지고 나니까
그게 이렇게 오랫동안 짐이 되네.

오늘처럼 누가 널 만났다고
네가 어떻게 지내고
아직도 내 이야기를 하면 네 눈빛이 흔들리더라는 이야기.

그런 이야길 전해 듣는 날이면
난 꼭 헤어지던 날로 돌아가는 기분이 들어.

지금이라도 내가 뛰어가면
너를 붙잡을 수 있을 것 같고
내가 네 이름을 부르면
넌 화났던 기억 같은 건 다 잊어버리고
나를 보고 웃어 줄 것 같은
그런 착각.

너는 아직도 나를 용서하지 않았을까?
헤어졌으니까
나 많이 힘들었으니까
시간이 이만큼 흘렀으니까
이젠 나를 용서하지 않았을까?

{ 그 여 자 }

그리움 같은 눈이 내리고 있는데
Story #87

 너도 기억하겠지.
처음 만나던 날 이렇게 비가 오던 거.

 비를 좋아하냐는 내 물음에
너는 고개를 마구 내저었어.
비가 싫다고, 눈은 좋은데 비는 싫다고.

그래서 내가 그랬지.
"그럼 우리끼린 이걸 눈이라고 부르죠.
이야, 눈 한번 시원하게 오네."

 너는 그 싱거운 소리를 즐겁게 받아들였고
우린 그때부터
비를 눈으로 부르기 시작했어.

{그 남자}

난 우리끼리 암호를 공유하는 것 같아서
그게 그렇게 좋을 수가 없었다?
그래서 비가 오는 날이면
너한테 서둘러 전화를 하곤 했어.

"지금 밖에 눈 오는 거 알아요?
함박눈인데요? 펑펑 오는데요 아주?"

옆에 있는 사람들이 날 미친 사람 보듯 해도
난 그 순간이 그렇게 좋았어.

그렇게 많이 싸웠는데
이렇게 많이 시간이 지났는데
잊고 살다가도 비가 오면 생각나는 건
그때, 전화기 너머에서 깔깔거리던 너의 웃음소리

눈이 온다.
주룩주룩 눈이 온다.

중학교에 들어가면서부터
앞머리를 내리면서부터
한참이나 비를 싫어했어.

넓은 이마를 가리려고
열심히 드라이를 해 봐도
비만 오면 내 앞머리는
금세 제멋대로 꼬불거리곤 했으니까.

비를 싫어하지 않게 된 건
너를 만나면서부터였어.

기억할지 모르겠지만
이마가 넓어서 불만이라는 내 말에
네가 손가락으로 내 이마를 튕기며 그랬거든.
"넌 이마가 제일 예뻐."

내 이마를 좋아해 주는 네가 있어서
싫어하는 비를 눈이라고 불러 주는 네가 있어서
난 더 이상 앞머리를 내리지 않았고
비도 미워하지 않았어.

며칠째 긴 눈이 내린다.

궁금해.
너도 아직 가끔씩 비를 눈이라고 부르니?

너도 한여름에 미친 사람처럼
눈이 온다고 중얼거리니?

너도 보고 있니?
창밖에 그리움 같은 눈이 오고 있는데..

{ 그 여 자 }

하루에 한가지 바람돌이 소원
Story #88

그 만화 기억나니?
하루에 한 가지씩 소원을 들어준다는
우리 친구 바람돌이.

난 아직도 기억나.
그 만화 보면서 매일 생각했거든.
만약 나한테 바람돌이가 나타나서
하루에 한 가지씩 소원을 들어준다고 말하면
난 매일
장난감 자동차를 하나씩 달라고 할 생각이었어.
그땐 그게 나한테 제일 절실했으니까.

너하고 만나는 동안은
소원 같은 건 생각을 한 적이 없었어.
더 바랄 게 없었기 때문이었나 봐.

그런데 오늘
집으로 돌아오는데
다시 그 만화가 생각나더라.

이제 내가 빌 수 있는 소원은 그런 거겠지.
하루에 한 가지씩
너와의 기억을 잊게 해 달라는 소원.

결혼 축하한다.
행복하게 잘 살아라.

그 여자

고마워.
정말 와 줄 거라곤 기대 못했는데.

다른 사람 통해서 소식 들으면
마음이 더 안 좋을 것 같아서
내가 직접 전화하려고 했는데
그게 잘 안 되더라. 미안해.

기억하니?
작년 이맘때 너무 춥던 날
너랑 나, 따뜻한 곳을 찾다가
무작정 모델하우스에 들어갔었지.
넌 거기 놓인 침대에 누워서
몇 년 후엔 우리도 이렇게 예쁜 집에서 살자고.

그날 돌아오는 길
우리 걸음을 멈추게 한 건
웨딩숍 쇼윈도
눈물 같은 진주 단추가 가지런하던 웨딩드레스.

아직은 다 기억하고 있어.
하지만 오늘까지만.
내일이면 다 잊을 거야.
너도 그래 줘.

나 잘 살게.
그러니까 너도 꼭 행복해.
안녕.

내게 남아 있는 그 사람의 버릇
Story #89

벌써 몇 달이나 지났는데
아직도 우리가 헤어진 걸 모르는 사람이 있네요.

오늘 오랜만에 간 국밥집 이모님도
예쁜 색시는 어쩌고 혼자 왔냐고 물어봅니다.

대답할 말이 없어 그냥 씩 웃고
국물이나 많이 달라고 했습니다.

오랜만에 만난 친구들도
빠지지 않고 그녀의 안부를 물어보죠.

그 남자

대답하기 곤란할 때는
그냥 더 예뻐졌다고 능청을 떨기도 하지만
그렇게 말하면서도
고개가 푹 꺾이는 건 어쩔 수가 없습니다.

말해 버리면 그대로 굳어질 것 같아
아직 아무에게도 말하지 못했습니다.

어리석은 희망이겠지만
아직 모르는 사람도 많은데
그냥 되돌리면 안 될까
밤새 뒤척이며 생각도 해 보죠.

벌써 몇 달 전의 일이고
나한텐 모든 게 다 바뀌는 큰 사건이었는데
아직도 세상은 우리가 헤어진 걸 모른다는 게
참 신기합니다.

어쩌면
헤어지고도 이렇게 멀쩡하게 지낸다는 게
더 신기한 일이겠지만.

비가 그친 저녁
쌀쌀한 날씨에 따뜻한 국물 생각이 났어요.

이런 날씨면
꼭 찾아가던 국밥집이 있었는데
오늘은
마땅히 같이 갈 만한 사람이 없네요.

몇 달 전까지
늘 같이 다니던 남자 친구가 있었어요.

워낙 붙임성이 좋은 사람이었거든요.
처음 보는 식당 아주머니께도
이모님, 이모님, 큰 소리로 부르며
인사도 잘하던 그런 사람.

그런 그 사람 덕분에
한 번 간 식당에선 모두 우릴 기억해 줬어요.

다시 그 식당에 찾아가면
잘생긴 총각이랑 예쁜 색시 왔냐며
그릇마다 반찬도 수북이 담아 주셨죠.

비가 오면 국밥을 찾던 건
내가 아니라 그 사람이었는데..

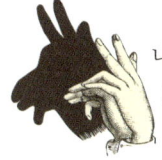
나한테 남아 있는
그 사람의 버릇을 볼 때마다
한 번씩 그 사람 생각을 하게 됩니다.

잘 지내고 있겠죠.

하루에 삼 분도 행복하지 않습니다
Story #90

지하철역에서 집으로 걸어가는 길
출구 앞에 자리 잡은 포장마차에선 매콤한 냄새
'우리 떡볶이 먹고 갈까?'
일주일에 두 번은 선 채로 먹곤 했었던.

혼자 먹긴 좀 그래..

고개를 숙이고 걷다 보면
거기엔 터벅터벅 걷고 있는 내 신발
'내가 이거 사 주면 너 도망갈 거지?'
네가 골라만 주었던 운동화

{ 그 여자 }

그런데도 나는 도망 와 버렸네..

고개를 들고 하늘을 보면
벌써 몇 달째 껌뻑거리고 있는 늙은 가로등 하나
'저거 동사무소나 그런 데 전화하면 바꿔 주지 않나?'
볼 때마다 너는 찜찜해했었지.

아직도 저러고 있네..

지하철역에서 집까지 겨우 몇백 미터
그 짧은 거리에서 몇 번이나 네가 생각났어.

사실 오늘 난 아무렇지도 않았는데
잘 자고 일어나 잘 먹고 잘 웃고 일도 잘했는데

하루 종일 그럴 수는 없나 보네..

그래, 하루에 몇 분쯤은 나도 아파야겠지.
너도 딱 나만큼만 아파라.
아니, 내가 못되게 헤어지자 했으니까
너는 나보다 딱 1분만 덜 아파라.

"요즘 재미있는 영화 뭐 있나?"
추천받은 영화 한 편을 준비하고
빵집에 들러
설탕이 듬뿍 묻어 있는 도넛도 삽니다.

편의점에 들러 음료수를 사다가
혹시나 하는 마음에
마시지도 못하는 소주도 한 병 챙겨 봅니다.

집에 돌아오면
요즘 제일 재미있다는 영화를 틀어 놓고
훈련병 시절에 그렇게나 먹고 싶던
설탕 묻은 도넛을 먹으며
두 잔이면 모든 게 내 세상 같아지는
쓰디쓴 소주 한 병을
사이다처럼 컵에 부어 마셔 봅니다.

하지만
그녀가 골라 준 안경으로 보는 영화는
하나도 우습지가 않고
그녀가 사 준 티셔츠에
설탕이 묻는 것도 싫습니다.
독한 소주 냄새는
그녀가 사 준 스킨 냄새에 묻혀 느낄 수도 없습니다.

이걸 먹으면 기분 좋아질 거야
이걸 보면 기분 좋아질 거야
이걸 마시면 금방 잠이 오겠지

그 부질없는 희망으로 잠시 잠깐 괜찮았던 시간
다 더해도 3분도 되지 않겠지요.
무엇을 해도 무엇을 먹어도 무엇을 봐도
하루 24시간 중
단 3분도 행복하지 않습니다.

그 남자 그 여자 1

초판 1쇄 발행 2013년 12월 17일
초판 16쇄 발행 2022년 4월 11일

지은이 이미나

발행인 이재진　**단행본사업본부장** 신동해
책임편집 임경진　**디자인** Design co*kkiri　**일러스트** 김현경
마케팅 최혜진 이은미　**홍보** 최새롬　**제작** 정석훈

브랜드 걷는나무
주소 경기도 파주시 회동길 20
문의전화 031-956-7213(편집) 02-3670-1123(마케팅)
홈페이지 www.wjbooks.co.kr
페이스북 www.facebook.com/wjbook
포스트 post.naver.com/wj_booking

발행처 (주)웅진씽크빅
출판신고 1980년 3월 29일 제 406-2007-000046호

ⓒ 이미나 2013 (저작권자와 맺은 특약에 따라 검인을 생략합니다.)
ISBN 978-89-01-16201-0 04810
　　　978-89-01-16200-3 (세트)

웅진지식하우스는 ㈜웅진씽크빅 단행본사업본부의 브랜드입니다.
이 책은 저작권법에 따라 보호받는 저작물이므로 무단 전재와 무단 복제를 금지하며, 이 책 내용의 전부 또는 일부를 이용하려면 반드시 저작권자와 ㈜웅진씽크빅의 서면동의를 받아야 합니다.

· 잘못된 책은 구입하신 곳에서 바꾸어 드립니다.
· 책값은 뒤표지에 있습니다.